KNAUR✶

Manfred Mohr

Endlich zu Hause in mir

Das 7-Schritte-Programm zur Selbstliebe

Besuchen Sie uns im Internet:
www.knaur.de

Originalausgabe
© 2018 Knaur Verlag
Ein Imprint der Verlagsgruppe
Droemer Knaur GmbH & Co. KG, München
Alle Rechte vorbehalten. Das Werk darf – auch teilweise – nur mit
Genehmigung des Verlags wiedergegeben werden.
Redaktion: Dr. Ulrike Strerath-Bolz
Covergestaltung: atelier-sanna.com, München
Cover- und Innenteilabbildungen:
5 second Studio, shutterstock.com (Vogelhaus),
Naupon Nimpaiboon, shutterstock.com (Vogel)
Satz: Adobe InDesign im Verlag
Druck und Bindung: CPI books GmbH, Leck
ISBN 978-3-426-87799-9

2   4   5   3   1

Die Liebe
lässt den Menschen werden,
sie erhebt ihn und macht ihn leicht.
Sie schenkt ihm Flügel
und verwandelt ihn in einen Engel.

Die Liebe
lässt den Menschen beten,
sie schützt ihn und schenkt ihm Trost.
Sie bereitet ihm sein Bett
in der Ewigkeit
seiner Seele.

Manfred Mohr

Inhalt

Einleitung

Sich selbst zu lieben ist der Beginn
einer lebenslangen Romanze.
— Oscar Wilde

Die verschlossene Tür

Ein Sultan war auf der Suche nach einem neuen Berater und schickte darum eine Botschaft in sein Land, alle weisen und klugen Männer sollten sich bald an seinem Hof einfinden. Als alle eingetroffen waren, stellte er ihnen eine scheinbar unlösbare Aufgabe. Er führte sie an eine große Tür, die mit einem schweren, riesigen Schloss versehen war. Der König sprach: »Wer von euch dieses Schloss zu öffnen vermag, soll mein neuer Berater sein. Es ist das größte und komplizierteste Schloss in meinem ganzen Reich!« Die Weisen und Schriftgelehrten traten zögerlich an das Schloss heran, um es zu untersuchen. Bald schon schüttelten sie aber den Kopf und sagten, man könne es unmöglich öffnen. Der Mechanismus sei viel zu ausgetüftelt.

Die Ersten begannen bereits, den Palast wieder zu verlassen, da trat Nasruddin heran. Er schaute bedächtig auf das Schloss, fummelte ein wenig an der Tür herum und zog dann kräftig an einem Griff. Und – die Tür öffnete sich. Sie war nur angelehnt gewesen, das Schloss gar nicht abgesperrt. Viele Jahre diente Nasruddin dem Sultan daraufhin als treuer Berater.

Seit mehr als zehn Jahren gebe ich nun schon Seminare zum Thema Selbstliebe. Bei der Begleitung vieler Hundert Teilnehmer habe ich viele nützliche Erfahrung gesammelt, die ich dir hier erstmals in Buchform vorstelle. Jeder von uns kann noch etwas dazulernen, wenn es um die Selbstliebe geht. Hier biete ich dir sieben Schritte dazu an, von denen jeder dich dir und deiner Selbstliebe ein gutes Stück näherbringen möchte.

Das Besondere an diesem Buch ist: Wir machen gemeinsam einen Prozess durch, den ich über Jahre im Seminar zusammen mit meinen Teilnehmern entwickelt habe. Die einzelnen Kapitel bauen aufeinander auf. Ich möchte dich bitten: Lass dich auf diesen Prozess ein. Es geht vor allem darum, dich mit der Liebe in deinem Herzen immer mehr zu verbinden. Dazu braucht es zuerst deine ganz persönliche Erfahrung, dein erlebtes Wissen, das aus dir selbst entspringt. Jeder Mensch hat einen eigenen Zugang zu seinem Herzen und zu der Liebe, die nur darauf wartet, dort entdeckt zu werden.

In diesem Buch möchte ich dich dazu verführen, die Liebe zu dir selbst nicht nur theoretisch zu verstehen, sondern sie wirklich und praktisch in deinem Herzen zu erleben. Wenn wir uns im Herzen ganz mit ihr verbinden, kann sie verwandelnd für uns wirksam werden. Sie kann uns von alten Mustern und Verhaltensweisen befreien, die uns schon unser ganzes Leben lang begleitet und belastet haben.

Viele Übungen, die besten, die sich in der praktischen Umsetzung besonders bewährt haben, sind mit in dieses Buch eingeflossen. Fallbeispiele und Erfolgsgeschichten von Teilnehmern sollen deine Motivation erhöhen, auch zu Hause am Ball zu bleiben und die vorgestellten Praxisübungen zur Selbstliebe zum festen Bestandteil deines Alltags zu machen.

Lass uns heute gemeinsam damit beginnen, deinen eigenen Weg zur Selbstliebe zu beschreiten. Er führt über sieben Stufen durch all die Hindernisse, die dich von einem tieferen Gefühl von Selbstakzeptanz trennen:

1. **Achtsamkeit** Wer sich selbst liebt, achtet gut auf sich und passt auf sich auf. Er schaut auf seine zur Verfügung stehenden Ressourcen an Zeit und Energie und vermeidet so Stress und Hektik. So finden wir Raum für die Dinge in unserem Leben, die wirklich Freude machen.

2. **Offenheit** Wer sich selbst liebt, hört auf seine Gefühle. Denn durch die Gefühle werden uns die eigenen Bedürfnisse erst wirklich bewusst, und wir können für sie sorgen. Dies steigert das persönliche Selbstwertgefühl und gibt uns den Mut, unsere Gefühle offen zu zeigen.

3. **Vertrauen** Wer sich selbst liebt, vertraut seinem Gefühl. Er nimmt seine Gefühle ernst und folgt der inneren Stimme der Intuition. Dabei finden wir immer mehr auf unseren eigenen Weg und laufen nicht mehr nur in der Herde der anderen mit. Wir entwickeln unsere eigene Meinung, in Verbundenheit mit unserer Intuition.

4. **Schutz** Wer sich selbst liebt, schützt sich und wahrt seine Grenzen. Indem er wagt, Nein zu sagen, verschafft er sich auf liebevolle Weise Respekt. Besonders denjenigen Menschen, die wir sehr lieben, wollen wir oft mehr geben, als uns zur Verfügung steht.

5. **Demut** Wer sich selbst liebt, nimmt sich selbst an, wie er ist. Er verzeiht sich seine Fehler und Schwächen. So überwinden wir die anhaltende Selbstkritik, durch die wir uns selbst unentwegt die eigene Kraft und Freude rauben.

6. **Güte** Wer sich selbst liebt, akzeptiert auch die Schwächen anderer. Er erkennt, dass er immer nur so mit anderen Menschen umgeht wie mit sich selbst. Weil er sich selbst liebt, hört er damit auf, schlecht über andere zu reden. Je mehr wir andere akzeptieren, desto mehr nehmen wir uns selbst an. Hier geht Selbstliebe über die eigene Person hinaus.

7. **Glück** Wer sich selbst liebt, den liebt das Leben zurück. Er bekommt durch die Liebe zu sich selbst eine stärkere Verbindung zu seinen Mitmenschen. Liebe wird für uns so zum Bindeglied zu unserer Umwelt und schon bald zum Schlüssel für unser persönliches Glück.

Der vielleicht wichtigste Satz zur Selbstliebe stammt von Meister Eckhard, der sagte:

Alle Liebe dieser Welt
ist auf Selbstliebe begründet.

Die Liebe, die wir dem anderen schenken, kann nur aus uns selbst entspringen. Wenn es uns nicht gelingt, uns selbst zu lieben, dann schaffen wir dies auch kaum einem anderen Menschen gegenüber. Liebe wird damit zur Basis für ein friedliches und glückliches Leben. Wir selbst sind es, die die Grundlage dafür in uns schaffen dürfen.

Ganz allgemein verstehe ich Liebe als eine universelle Kraft, die uns allen zur Verfügung steht. So wie in der Eingangsgeschichte beschrieben, hindert uns nur unser kluger Verstand daran, die Tür zum Herzen zu öffnen. Denn unser Herz steht immer offen und war noch nie verschlossen.
Es fällt uns vor allem deshalb so schwer zu verstehen, dass wir die Liebe im Herzen immer spüren und nutzen können, weil wir schon beim Wunsch zu verstehen im Kopf verweilen und damit nicht im Herzen sein können. Aus diesem Grund bringe ich die Teilnehmer meiner Seminare immer wieder in ihr Herz: mithilfe der Übungen, die du auch in diesem Buch findest. Der Weg führt hinaus aus dem Verstand, hinein in die Liebe.

Darum habe ich auch Geschichten in dieses Buch aufgenommen, in denen der orientalische Narr Nasruddin die Hauptfigur ist. Oft handelt er unerwartet. Er gibt eine verwirrende Antwort. Er verhält sich komplett verrückt. Und obwohl die beschriebenen Begebenheiten oft komisch sind, steckt doch meist eine tiefere Weisheit darin, die sich dem Zuhörer erst nach und nach erschließt. Man weiß bei ihm darum nie so recht, was man von ihm halten soll. Ist er nun ein Weiser oder ein Narr? Das darfst du jedes Mal selbst entscheiden. Für dieses Buch über Selbstliebe habe ich ihn als Begleiter gewählt, da er eine Kunst wie kein Zweiter beherrscht: Er raubt uns den Verstand.

Denn Liebe ist zuallererst eine Sache unseres Gefühls. Lieben können wir nun einmal nur tief in unserem Herzen und nicht in unserem Kopf. Wer wirklich den Weg der Liebe beschreiten möchte, läuft darum bei jedem Schritt Gefahr, im positivsten Sinne den Verstand zu verlieren. Und das ist gut so. Je mehr wir es wagen, unseren Herzen zu folgen, desto mehr verlassen wir die sicheren Gefilde unseres analytischen Denkens.

Wer liebt, denkt nicht – und wer denkt, liebt nicht.
– Oscar Wilde

Liebe ist ein Geheimnis. Liebe ist das, was übrig bleibt, wenn wir alles vergessen haben, was wir bisher über sie dachten und glaubten. Liebe lehrt uns das Leben selbst – wenn wir beginnen, bei uns selbst zu Hause zu sein, in unserem Herzen. Denn die wahren Antworten auf die tieferen Fragen unseres Lebens finden wir nur hier, in uns selbst.

Ich kann dir die Antwort auf alle Fragen sagen,
denn sie ist mein, die Liebe.
— Rumi

Im Herzen wird die Liebe selbst zur Antwort. Weil wir durch sie lernen, unser Herz zu öffnen, uns gegenüber wie auch dem Leben überhaupt. Selbstliebe beginnt bei uns, genau in unserer eigenen Mitte, und zwar in dem Moment, wenn wir mit einer unablässigen Tätigkeit aufhören, die uns unser Leben lang schwer beschäftigt: uns immerfort den Kopf zu zerbrechen.

Die Liebe bringt uns zu uns selbst. Sie schenkt uns Rast und Ruhe. Sie bringt uns wieder zurück in unsere Mitte. Ist es nicht das, was wir in unserer schnelllebigen Zeit am allermeisten brauchen? Wieder bei uns, in uns, zu Hause zu sein?

Viel Freude beim Lesen, Fühlen und Lieben wünscht
in Verbundenheit
Manfred Mohr

Der erste Schritt zur Selbstliebe:

Achtsamkeit

*Weil ich mich liebe,
achte ich auf mich*

Wer Liebe lernen will, bleibt immer Schüler.
– O.C. Bernhardi

Die zwei Töchter

In einem Dorf lebte eine einst alte Frau, die von den Dorfbewohnern nur »Weinendes Weib« gerufen wurde, weil sie immer weinte, egal, ob es regnete oder ob die Sonne schien. Nasruddin besuchte eines Tages das Dorf und hörte von dieser Frau. Sogleich fragte er sie, warum sie denn immer weine. Sie antwortete: »Meister, ich habe zwei Töchter. Die Jüngere verkauft Regenschirme, die Ältere Strohschuhe. Wenn es regnet, dann denke ich an meine ältere Tochter, die keine Strohschuhe verkaufen kann, weil das Wetter schlecht ist. Wenn die Sonne scheint, dann denke ich an meine jüngere Tochter, die keine Regenschirme verkaufen kann, weil das Wetter gut ist.« Nasruddin erwiderte: »Ab heute denkst du an deine jüngere Tochter, wenn es regnet, und bist glücklich darüber, dass sie ihre Regenschirme verkaufen kann. Und wenn die Sonne scheint, dann denkst du an deine ältere Tochter und freust dich darüber, dass sie Strohschuhe verkaufen kann.« Nach der Begegnung mit dem Meister weinte die Frau an keinem Tag mehr. Sie lächelte, wenn die Sonne schien, und sie lächelte, wenn es regnete. Und schon rief man sie in ihrem Dorf nur noch mit ihrem neuen Spitznamen »Lächelndes Weib«.

Ganz am Anfang auf dem Weg hin zu mehr Selbstliebe steht die Achtsamkeit. Wenn ich damit beginne, mich mit mir und meiner Selbstliebe zu beschäftigen, richte ich meine Aufmerksamkeit immer mehr auf mich selbst. Ich beobachte mich genauer, ich achte auf mich. Diese Fokussierung auf mich selbst lässt mich erst erkennen, was meine Bedürfnisse sind. Was brauche ich, was fehlt mir gerade am meisten?

Achtsamkeit hilft mir, vielleicht zum ersten Mal wirklich zu bemerken, wie unaufmerksam ich oft mit mir selbst umgehe. Nehme ich mich selbst wirklich wichtig, achte ich tatsächlich auf mich? Sicher noch nicht genug. Auf meiner Prioritätenliste komme ich leider viel zu oft an letzter Stelle. Mit meiner Selbstachtung ist es leider in vielen Lebensbereichen noch nicht sehr weit her.

Selbstliebe beginnt bei der Selbstachtung.

Denn wie gehe ich zumeist im Alltag mit mir und meinen Bedürfnissen um? Jedem von uns stehen nur ganz bestimmte Ressourcen an Energie zur Verfügung, und es steht uns prinzipiell frei, diese so einzusetzen, wie wir es gern möchten. Dummerweise nutzen wir aber diese Möglichkeit zumeist nicht und achten auf alles, nur nicht auf uns selbst. Wie die Frau in der Geschichte am Anfang dieses Kapitels blicken wir oft auf die falschen Dinge und übersehen dabei die wirklich wichtigen. Und dann wundern wir uns, dass wir unglücklich sind.

Deshalb ist Achtsamkeit so wichtig. Sie kann uns zeigen, was uns guttut. Und sie hilft uns dabei, uns dieses Gute dann selbst zu schenken. Im Seminar vergleiche ich Selbstliebe gern mit einem Brunnen, der überfließt und der mit seinem Wasser dann die Umgebung bewässern und bereichern kann. Wenn wir uns selbst lieben, fließt die Liebe in uns sinnbildlich über. Wir sind dann ganz gesättigt von ihr. Ganz selbstverständlich haben wir immer Liebe übrig und zur Verfügung. Die Liebe sorgt in uns für Überfluss.

Fehlt es dagegen an Selbstliebe, ist der Brunnen trocken. Es ist zu wenig Wasser vorhanden, und dieses bisschen behalten wir sicherheitshalber lieber für uns. Wenn wir etwas abgeben, dann nur, wenn wir sicher sind, dass wir es auch wieder zurückbekommen. Statt Überfluss herrscht in unserem Brunnen eher der Mangel vor. Ein wichtiger Satz zur Selbstliebe lautet darum:

Ich kann anderen Menschen nur geben,
was mir selbst zur Verfügung steht.

Wenn ich gut auf meinen Brunnen achte und auf ihn aufpasse, habe ich genug Wasser. Nur dann kann ich anderen Menschen von ihm abgeben. Andernfalls lebe ich in einem Gefühl von Mangel. Meine Achtsamkeit richtet sich darum zuerst einmal auf mich. Wo soll die Liebe zu anderen denn auch herkommen, wenn wir zu wenig auf uns selbst achten? Viele meiner Teilnehmer kommen mit einem Missverständnis ins Seminar. Sie denken, Liebe zeige sich vor allem darin, dass man sich selbstlos um andere kümmert. Sie verstehen den Satz der Bibel falsch: »Liebe deinen Nächsten wie dich selbst.« Sie meinen, erst müssten sie anderen ganz viel geben, damit sie es überhaupt verdienen, selbst etwas zurückzubekommen. Sozusagen als Tauschhandel.

Liebe wird oft missverstanden
als reiner Dienst am anderen.

Liebe in dieser Form führt jedoch schon bald zu einer Abhängigkeit vom anderen. Wenn ich das wenige, was mir an Liebe zur Verfügung steht, immer an andere weitergebe, wird mein Brunnen immer leerer. Ich fühle mich nicht gut dabei. Also erwarte ich, dass die von mir geliebten Menschen mir in ebensolcher Weise Liebe zurückgeben, damit mein Brunnen wieder etwas voller wird. Solche Beziehungen funktionieren nach dem Motto: »Ich liebe dich, wenn du mich liebst.« Und umgekehrt: »Liebst du mich nicht, dann liebe ich dich auch nicht.«

Wer seine Liebe nur anderen schenkt,
lebt bald selbst im Mangel.

Weil wir nicht genügend auf uns achten und uns darum selbst zu wenig Liebe und Aufmerksamkeit schenken, ist in unserer heutigen Welt Hektik zu unserem ständigen Begleiter geworden. Die Menschen hasten von Termin zu Termin und laufen ständig hinter etwas her. Sie haben einfach keine Zeit mehr. Wenn selbst unsere Freizeit durchgetaktet ist und es oft Wochen dauert, bis wir einen guten Freund mal wieder treffen, stimmt doch offenbar etwas ganz grundsätzlich nicht.

Diese Entwicklung beginnt schon bei unseren Kindern. Im neuen System unserer Gymnasien, das einige Jahre ausprobiert worden ist, sollten die Jugendlichen in acht statt neun Jahren zum Abitur gebracht werden. Der Lernstoff der Klasse, die so eingespart wurde, kam einfach in den anderen Schuljahren noch obendrauf. Das bedeutet selbstverständlich für die Schüler, dass sie noch weniger Freizeit haben. Als die ersten Abschlussjahrgänge dieses G8-Schulsystems ihr Abitur machten, kam, was kommen musste. Diese Jugendlichen waren so ausgebrannt, dass sie erst mal ein Jahr gar nichts machen wollten. Von wegen, ein Jahr gewonnen! Es stellte sich heraus, den Schülern war vor allem die Freude am Lernen verleidet worden. Zum Glück haben jetzt viele Bundesländer begonnen, wieder auf das alte G9-System umzustellen. Was für ein Segen!

Was kann ich also tun, wenn mein Terminkalender überquillt? Ich beginne, mir mehr Zeit für mich zu nehmen! Das darf ganz klein anfangen.

Übung 1
Kleine Pausen

Beginnen wir doch ganz naheliegend, beim morgigen Tag. Wenn du morgen bei deiner Arbeit bist, belohne dich für eine kleine Aufgabe, die du abgeschlossen hast, mit einer kurzen Pause. Gönne es dir, einmal kurz am Schreibtisch aufzustehen und kurz durchzuatmen. Nur wenige Minuten können bereits genügen, um dich zu entspannen. Vielleicht machst du dir einen Tee, gehst kurz auf den Balkon oder nach draußen. Atme die frische Luft und tank wieder ein wenig auf. Wenn du danach die nächste Aufgabe deiner täglichen Arbeit angehst, wirst du sie mit viel mehr Elan und Freude tun!

Achte darauf, deine Mittagspause morgen wirklich zu zelebrieren. Versuche dabei, aus der Hast des Alltags einen Moment lang auszubrechen. Jetzt ist Pause! Spaziere eine Runde durch den Park oder finde irgendwo eine Möglichkeit, ganz für dich zu sein, um zu entspannen. Hier kannst du Kraft sammeln, die dir für den restlichen Tag von Nutzen sein wird.

Schau dann beim Arbeitsende einmal zurück, wie dieser Tag sich für dich gestaltet hat. Was war anders? Wenn es dir gefallen hat, dann schenk dir doch immer wieder solch einen

Tag mit kleinen Pausen. Es muss ja nicht jeden Tag sein. Aber immer öfter.

Wer sich selbst liebt, gestattet sich eine Pause.

Ich finde, wir können da sehr viel von der Natur lernen. Schauen wir uns doch zum Beispiel einmal einen Apfelbaum an, wie er durch die Jahreszeiten geht. Vor dem Fenster meines Büros steht ein Exemplar in meinem Garten. Im Frühling treibt er Knospen, bekommt seine Blätter und beginnt zu blühen. Er wird wieder grün. Dann fangen seine Äpfel an zu wachsen, und im Sommer ist Erntezeit. Seine Arbeit ist getan. Im Herbst verliert er seine Blätter, im Winter ruht er sich aus. Er macht eine lange Pause, bevor er im Frühling wieder aufs Neue mit seiner Arbeit beginnt. Machen wir es doch ebenso! Es gibt eine Zeit für die Arbeit und eine Zeit, sich zu erholen und neue Kräfte zu sammeln!

Eine Freundin von mir ist vor ein paar Jahren Heilpraktikerin geworden. Sie arbeitete früher Vollzeit in einer Bank. Sie sagte, heute, mit Mitte fünfzig, wäre sie gar nicht mehr dazu in der Lage, einen Vierzig-Stunden-Job auszuüben. Denn mit Hin- und Rückfahrt zur Arbeit war sie, auch ohne Überstunden, gut und gern 50 Stunden aus dem Haus. Und bei ihrer Rückkehr fühlte sie sich oft wie gerädert und lustlos. Sie schleppte sich von Wochenende zu Wochenende und freute sich vor allem auf den Urlaub.

Während einer längeren Erkrankung fasste sie dann den Entschluss, ein anderes Arbeitsmodell zu finden. Ihr Mann, der selbstständiger Installateur ist, unterstützte sie dabei. Heute erledigt sie für ihn die Büroarbeiten und hat außerdem eine eigene Praxis eröffnet. Sie kann zu Hause arbeiten, sodass die langen Wege zur und von der Arbeit entfallen.

Viele andere meiner Freunde haben sich ähnliche Modelle gesucht. Manche arbeiten nur noch vier statt fünf Tage, was viele Arbeitgeber mittlerweile auch befürworten. Andere haben ein Homeoffice und müssen nur noch tageweise zu Meetings ins Büro. Frag doch einfach mal unverbindlich im Personalbüro an, welche neuen Möglichkeiten deine Firma anbietet. Fragen kostet nichts, und durch deine freundliche Nachfrage wird vielleicht auch in deiner Firma bekannter, dass hier eine steigende Nachfrage besteht.

Mein eigener Tagesablauf richtet sich vor allem nach meinen Kindern. Wenn sie gegen halb acht aus dem Haus sind, habe ich genug Zeit für meine Arbeit. Morgens arbeite ich generell am besten, sodass ich darauf achte, in diese Zeit möglichst keine Auswärts-Termine zu legen. Mittags oder nachmittags kommen meine Kinder aus der Schule, sodass ich dann koche und Zeit mit ihnen verbringen kann. Dann ist eine gute Gelegenheit für Hausarbeit, Erledigungen oder um Freunde zu treffen.

Manchmal fragen mich Leser, wie ich das alles schaffe, als alleinerziehender Vater mit zwei halbwüchsigen Kindern. Woher nehme ich die Zeit für meine Seminare, für die Artikel und Bücher, die ich schreibe? Die Antwort möchte ich dir gern mithilfe der folgenden Übung geben. Ich habe gelernt, mich auf das Wesentliche zu konzentrieren. Anders wäre es wohl wirklich nicht zu schaffen.

Übung 2
Schaffe dir Raum für dich

Der Alltag der meisten von uns sieht wohl so oder so ähnlich aus. Wir kommen müde nach einem langen Arbeitstag nach Hause, wo uns vielfältige Aufgaben erwarten. Die Wäsche ist zu waschen, das Haus zu putzen, die Kinder sind zu versorgen, und Essen machen müssen wir auch noch. Statt all diesen Verpflichtungen hinterherzurennen und dich selbst dabei zu verlieren, frage dich in solchen Momenten immer wieder: Was ist jetzt das Wesentliche? Was kommt zuerst? Entwickle die Kunst, zuerst auf deine Ressourcen zu schauen. So siehst du in jedem Moment, welche Möglichkeiten dir zur Verfügung stehen. Die Frage, die auch ich mir immer wieder stelle, lautet: Wie viel Energie habe ich?

Kommst du also wie beschrieben abends nach Hause, dann schau auf deine Kraft, die du in diesem Augenblick hast. Hast du die Energie, zu kochen? Wenn nicht, gibt es eben heute mal ein Butterbrot. Möchtest du den Rasen mähen? Wenn nicht, kommt er eben noch einige Tage ungeschoren davon. Musst du heute wirklich noch einkaufen, weil der Kühlschrank leer ist? Wenn nicht, kannst du das sicher genauso gut in den nächsten Tagen erledigen.
Schau ganz bewusst und achtsam in dein Leben, was wirklich wichtig ist. Achte darauf: Was ist essenziell, was ist dringend notwendig? Oft überfordern wir uns, weil wir ständig Gedanken produzieren wie: Was werden wohl die Nachbarn denken? Ich muss doch meinen Rasen mähen, mein Auto putzen, die Fenster neu streichen. Musst du das wirklich? Entrümple dein Leben von den Dingen, die du angeblich

»musst«. Mach dir eine Liste der Dinge, die für dich wirklich wichtig sind. Nimm dir am besten gleich hier einen Zettel und schreib dir eine Prioritätenliste. Was ist momentan vordringlich, was eher nicht? Ich wasche zum Beispiel meist nur etwa zwei Maschinen Wäsche in der Woche. Es gibt ja da den Spruch, Männer haben nur zwei Sorten Wäsche im Schrank: »sauber« und »kann man noch mal anziehen«. Meine Kinder wissen das auch. Wir waschen nur, was wirklich schmutzig ist. Die Umwelt dankt es uns. Und unsere Selbstliebe ebenfalls.

Ein weiterer großer Aufgabenbereich ist das Kochen. Hier glaubte ich eine Zeit lang, mittags und abends für meine Kinder und mich immer warm kochen zu müssen. Das Ergebnis war, dass ich mich schon nach einigen Wochen überfordert fühlte. So schön ich es auch finde, zu kochen, auf die Dauer wurde es mir zu viel. Also sorgte ich dafür, hier flexibler zu werden. Es muss nicht immer warm gegessen werden, manchmal reicht auch ein Müsli. Eine Suppe reicht durchaus auch für zwei Tage und schmeckt am Folgetag oft noch besser. Habe ich mal überhaupt keine Lust zum Kochen, hole ich gern eine Pizza beim Italiener oder es gibt Falafel vom Türken. Dafür koche ich dann, wenn ich koche, wirklich gerne. Und ich habe viel mehr Freude dabei.

Also: Wie sieht deine eigene Liste aus? Sie kann ganz individuell sein, je nachdem, ob du Kinder hast, einen Hund, ob du einen Partner hast, eine Wohnung oder ein Haus. Macht aber nichts. Ich denke, das Prinzip ist dir klar geworden:

Wer sich selbst liebt, achtet auf sich.

Das ist der erste große Schritt zur Selbstliebe: Geh achtsam mit dir um. Selbstliebe bedeutet vor allem, gut auf mich achtzugeben. Als ich noch als Angestellter arbeitete, legte ich mich nach der Arbeit, wenn ich zu Hause angekommen war, oft eine halbe Stunde zum »Powernapping« aufs Ohr. Danach fühlte ich mich wieder frisch und ausgeruht. Versuch das ruhig auch einmal. Selbstliebe bedeutet, mich selbst in den Mittelpunkt zu stellen. Und nicht die Wäsche, die gebügelt werden soll.

Früher spielte ich eine Weile recht intensiv Schach und habe eine schöne Analogie zwischen diesem Spiel und dem Leben im Allgemeinen entdeckt. Schach wird ja nicht von ungefähr als »Spiel des Lebens« bezeichnet. Es gibt im Schach, wie im normalen Leben, vor allem drei wichtige Größen, die es immer wieder neu zu beachten und zu koordinieren gilt:

1. **Die Zeit.** Man spielt die ersten 40 Züge in einer bestimmten Zeit, meist in zwei Stunden. Wenn man zu lange über seine Züge nachdenkt, gerät man gegen Ende in Zeitdruck. Wenn ich dann keine Zeit mehr zur Verfügung habe, mache ich schwache Züge und verliere darum das Spiel.

2. **Die Stärke der Figuren.** Wenn ich einen schlechten Zug mache und eine gute Figur verliere, bin ich schwächer als mein Gegner und verliere das Spiel. Dann fehlt es mir an Kraft und Energie.

3. **Die Position meiner Figuren.** Wenn ich es geschickt anstelle, gelingt es mir, die Stellung meiner Figuren so gut zu wählen, dass Zeit und Stärke keine Rolle mehr spielen. Dann kann es sein, dass ich nur noch wenig Zeit und kaum noch Figuren habe, und trotzdem gewinne ich das Spiel. Es reicht, wenn ich den anderen König mit meiner letzten Figur matt setze. Dies wird sogar als besonders gute Taktik angesehen.

Im richtigen Leben ist es ganz ähnlich. Wenn ich keine Zeit mehr habe, treffe ich zu rasche und vorschnelle Entscheidungen. Meist führt dies zu Fehlern und weiteren Problemen. Es ist also wichtig, mir Zeit zu nehmen und zu schauen, wofür ich meine Zeit einsetze. Fehlt es mir an Kraft und Stärke, habe ich keine Freude mehr an meinem Tun. Darum ist es wichtig, gut auf meine Energie zu achten. Ich suche mir darum vermehrt Dinge, die mir Kraft und Entspannung schenken. Wenn ich mich in meinem Leben schlecht positioniere und ordne, verliere ich sowohl Zeit als auch Energie. Ich sollte darauf aufpassen, mein Leben gut zu managen. Darum schaue ich genau hin, was in meinem Leben wirklich wichtig ist.

Alle drei Faktoren – Zeit, Energie und Ordnung – sind deshalb die wichtigsten Kriterien für die Selbstliebe.

Weil ich mich liebe, nehme ich mir Zeit für mich.
Weil ich mich liebe, achte ich auf mich und
meine Energie.
Weil ich mich liebe, verschaffe ich mir
eine angemessene Ordnung und manage mein Leben.

Besonders um den letzten Punkt geht es mir hier ganz besonders: die Ordnung. Die Übung, die ich dir gerade vorgestellt habe, dient vor allem dem Zweck, die vielen Tätigkeiten, die du in deinem Leben auszuüben hast, zu ordnen und damit die Spreu vom Weizen zu trennen. Was ist wesentlich, was sollte ich jetzt als Nächstes tun? Und was ist weit weniger wichtig? Das kann so lange warten, bis ich die Zeit und die Energie dafür habe.
Innerlich gehe ich dabei im Tagesverlauf immer wieder meine

Prioritätenliste durch. Ich mache ganz bewusst eine Pause und nehme mir die Zeit für die Frage: Und jetzt, was kommt als Nächstes dran? Ist ein Termin einzuhalten? Muss ich irgendjemanden anrufen? Sollte ich etwas vergessen – mein Kalender weiß es sicher. Ich habe mir darum angewöhnt, alle wichtigen Termine in meinen Kalender einzutragen. Ich muss sie mir dann nicht merken und behalte einen klaren Kopf. Wenn ich die Disziplin aufbringe, meinen Kalender immer dabeizuhaben und gut zu führen, gewinne ich die Freiheit, mir nichts mehr selbst merken zu müssen. Das ist noch ein wesentlicher Aspekt von Selbstliebe.

Wer sich selbst liebt,
schenkt sich mehr Freiheit durch
eine angemessene Form von Disziplin.

Das erscheint auf den ersten Blick paradox, aber Disziplin und Ordnung hängen direkt mit Freiheit zusammen. Gegensätze bedingen einander. Wenn ich zum Beispiel nach Hause komme und den Hausschlüssel dauernd irgendwo anders hinwerfe, dann suche ich ihn später bestimmt, wenn ich das Haus wieder verlassen will. Halte ich aber die Disziplin ein, den Schlüssel immer an derselben Stelle auf einen Haken zu hängen, habe ich später Freiheit gewonnen, denn ich muss ihn nicht lange suchen. Disziplin schenkt mir Zeit, da ich sofort das Haus verlassen kann, und Energie, da ich mich nicht mit dem Suchen herumärgern muss.

Dafür gibt es unendlich viele weitere Beispiele. Wenn ich meine Steuerunterlagen immer an derselben Stelle sammle, habe ich am Ende des Monats oder am Jahresende viel weniger Arbeit. Denn alles liegt schon zusammen. Während meines Chemiestudiums habe ich gelernt: Es ist viel sinnvoller, das Protokoll eines Experimentes sofort zu schreiben. Dann weiß ich noch alles, und es geht viel schneller. Warte ich damit aber zwei Wochen, habe ich das meiste schon vergessen, und das Schreiben wird sehr mühsam.

Wer sich selbst liebt,
erledigt wichtige Dinge sofort.

Achtsamkeit kann mir darum zu einem wichtigen Freund werden, um mir mehr Zeit für mich zu schenken. Mit ihrer Hilfe kann es mir gelingen, aus dem Hamsterrad der Hektik auszubrechen. Achtsamkeit kann aber noch viel mehr. Die neu gewonnene Zeit kann ich nutzen, um meine eigenen Bedürfnisse zu entdecken. Im Mittelpunkt steht dabei die Frage: Was tue ich wirklich gern? Menschen, die sich selbst lieben, gelingt es vermehrt, Dinge in ihr Leben zu integrieren, die ihnen wirklich Spaß machen.

Wer sich selbst liebt,
tut in seinem Leben immer häufiger Dinge,
die ihm Freude bereiten.

Beginnen wir dazu doch am besten einmal ganz von vorn. Wenn ich mich frage, wann ich in meinem Leben am meisten Spaß und Freude gehabt habe, dann fällt mir sofort meine Kindheit ein. Im Durchschnitt lächeln wir als Kind viele Hundert Mal am Tag. Bei Erwachsenen reduziert sich diese Quote auf nur noch zehn bis zwanzig Mal täglich. Gehen wir darum doch einmal spielerisch zurück in unsere frühe Jugend.

Übung 3

Noch einmal Kind sein

Nimm dir bitte für diese Übung einen wenig Zeit und stöbere in deinen Erinnerungen. Zur Unterstützung kannst du alte Fotos deiner Kindheit heraussuchen oder Spielsachen von damals, die du vielleicht aufgehoben hast. Geh zurück in deine frühe Kindheit, als du drei oder fünf Jahre alt warst, und frage dein inneres Kind: Was hat mir damals wirklich Freude gemacht? Schreib es dir auf, blättere weiter spielerisch in deinen Fotos und mach dir immer wieder Notizen. Erinnere dich an die Momente, wo du ganz versunken warst in deine Tätigkeit. Manche Dinge, die uns Spaß machen, begleiten uns schon ein Leben lang. Sie bereiten uns auch heute noch Freude.

Diese Übung dient vor allem dem Zweck, dich wieder mit deiner inneren Freude zu verbinden. Wie war es damals bei dir? Petra, eine Teilnehmerin im Seminar, entdeckte bei dieser Übung, wie gern sie als Kind mit ihrem Großvater im Garten gearbeitet hatte. Er hatte noch den Krieg erlebt und sich deshalb einen Selbstversorger-Garten hinter seinem Haus angelegt. Petra besuchte ihren Opa oft und half ihm dort beim Säen, Jäten und Ernten. Nach dieser Erfahrung beschloss sie, im kleineren Rahmen ihrer Möglichkeiten selbst wieder gärtnerisch tätig zu werden. Mit großer Begeisterung erzählte sie mir später am Telefon, wie sie ihren Balkon in ein grünes Paradies mit Tomaten und Bohnen verwandelt hatte. Ihre Kräuter schneidet sie sich nun frisch aus dem Topf, wenn sie welche beim Kochen benötigt.

Eine andere Teilnehmerin namens Steffi bemerkte bei dieser Übung, wie gern sie früher mit dem Fahrrad zur Schule gefahren war. Sie liebte es, den Wind um ihre Nase zu spüren und dem Wetter ausgesetzt zu sein. Im Berufsleben legte ihre Firma großen Wert auf gute Kleidung, und darum fuhr sie mit dem Auto zur Arbeit. Angeregt durch diese Erinnerung, begann sie wieder mit dem Radfahren und macht nun am Wochenende und im Urlaub kleine und größere Touren. Kürzlich ist sie einmal ganz um den Bodensee gefahren. Sie spürt sich und ihren Körper wieder viel mehr, und ihrer Fitness tun die Fahrten auf dem Rad sichtlich gut. Heute wiegt sie einige Kilos weniger, und sie sagte mir, wie gut sie sich beim Radeln entspannen und abschalten kann.

Nun bist du wieder mehr an deine innere Freude angeschlossen und wir können zur nächsten Übung übergehen. Sicher hast du auch heute oder gestern Dinge getan, die du wirklich von Herzen gern gemacht hast. Welche waren das? Achten wir doch jetzt einmal genau auf die Tätigkeiten, die dir besonders viel Freude machen.

Übung 4

Was macht dir wirklich Freude?

Bitte schreib dir einmal auf einen Zettel mindestens zwanzig Dinge in einer Liste auf, die dir wirklich Spaß machen. (Nimm am besten ein DIN-A4-Blatt quer, denn es folgen später noch weitere Aufgaben.) Sei dabei spontan und denk möglichst wenig nach. Nimm den Stift und schreib drauflos. Bei mir wären es Dinge wie Schwimmen, Radfahren, Kochen, Freunde anrufen, eine Party machen, Tanzen, Lesen … Am besten, ich höre jetzt auf, sonst sind es schon zwanzig Dinge.

Abschreiben ist übrigens erlaubt. Aber sicher fallen dir selbst ganz leicht deine eigenen Lieblingsbeschäftigungen ein. Schreib sie auf! Jetzt ist Gelegenheit dazu.

Nun guck dir deine Liste an. Vielleicht hast du dich beim Notieren bereits gefragt, wann du diese Dinge zuletzt getan hast. Das ist nun Teil 2 dieser Übung. Schreib dir bitte hinter die einzelnen Dinge, die du gern tust, wann du sie zuletzt wirklich gemacht hast. Schreibe ein G für gestern, ein W für letzte Woche und ein M für letzten Monat dahinter. Dann zähle anschließend zusammen, wie viele G, W und M dabei zusammenkommen. Es leuchtet sicher sofort ein: Ein Mensch, der sich selbst liebt, wird in seinem Leben möglichst häufig Dinge tun, die ihm Freude bereiten. Darum ist dieser Teil der Übung auch ein indirekter Selbstliebe-Test. Liegen die Dinge, die du gern tust, schon lange zurück, ist dies ein Hinweis für dich, wieder mehr auf dich zu achten. Nimm dir also fest vor, in der nächsten Zukunft, vielleicht in den nächsten drei Monaten, wieder mehr von diesen Tätigkeiten in dein Leben zu integrieren.

Um dich selbst zu motivieren, fertige dir außerdem eine Collage mit diesen zwanzig Dingen an. Nimm einfach ein paar alte Zeitschriften und schneide dir diejenigen Fotos aus, die deinen Lieblingsbeschäftigungen entsprechen. Wenn du gern schwimmen gehst, schneide ein Bild mit Wasser oder dem Meer aus und kleb es auf einen größeren Karton. Dann klebe oder schreib das Wort »Schwimmen« dazu. Verfahre so mit allen Punkten auf deiner Liste und häng dieses selbst gemachte Bild gut sichtbar an einer Wand auf, sodass du immer wieder darauf schaust. Dann erinnert es dich jedes Mal daran, wieder einmal etwas zu tun, was dir Freude macht und deine Selbstliebe stärkt.

In dieser Übung steckt aber noch mehr. Geh bitte noch einmal zu deinen zwanzig Punkten zurück und schreib dir noch zwei weitere neue Buchstaben dahinter. Und zwar ein T, wenn die Sache, die du gern tust, teuer ist, und ein P, sollte diese Tätigkeit preiswert sein. Wenn bei einem Punkt keine klare Zuordnung möglich ist, schreib beide Buchstaben hinzu. Zähle anschließend die notierten T und P zusammen. Wie ist dein Ergebnis?

Für viele Teilnehmer ist diese Fragestellung ein Aha-Erlebnis. Richard kam in der Pause nach dieser Übung zu mir und war sprachlos. Er war bisher davon ausgegangen, dass er vor allem viel Geld benötigen würde, um damit all die Dinge tun zu können, die ihm Spaß machen. Nun sah er mit Schrecken: Er war einem Irrglauben aufgesessen. Er beschrieb den Teufelskreis, in dem er sich befand, und musste selbst lachen: Es ist fast schon komisch, da läuft er sein Leben lang dem Geld hinterher, damit er die Dinge tun kann, die ihm Freude machen. Und dann hat er keine Energie und keine Zeit mehr dazu, diese Dinge wirklich zu tun. Geschweige denn, sie dann auch noch genießen zu können. Nun erkannte er, es war alles ganz anders.

Dinge, die ich gerne tue,
sind in den meisten Fällen gar nicht teuer.

Richard steht mit seinem Denken sicher nicht allein. Offenbar ist in unserer westlichen Welt der Glaube sehr verbreitet, dass Geld eine sehr große Wichtigkeit besitzt. Sogar so sehr, dass wir die meiste Zeit damit verbringen, ihm hinterherzulaufen. Werden wir jedoch achtsam und beginnen wir, uns selbst mehr zu lieben, können wir auch mit weniger Geld glücklich sein. Selbstliebe hat den Mut, nicht mehr nur dem schnöden

Mammon nachzulaufen. Wer sich selbst liebt, jagt nicht mehr von Termin zu Termin, sondern er schenkt sich etwas viel Wichtigeres: Zeit. Zeit für sich selbst. Zeit, die ihm den Überblick über sein Leben schenkt, um noch achtsamer sein zu können.

Nun kommen wir zum letzten Teil dieser Übung 4. Nimm bitte noch einmal deine Liste mit den zwanzig Dingen zur Hand und schreib hinter jeden Punkt auf deiner Liste ein Z, wenn du diese Tätigkeit zusammen mit anderen ausüben möchtest. Und notiere ein A, solltest du diese Tätigkeit meist allein ausüben. Es kann wieder vorkommen, dass du sowohl ein Z als auch ein A aufschreiben kannst, etwa, wenn du alleine einen Kuchen bäckst, den du dann zusammen mit Freunden verspeisen möchtest. Dann schreib eben beide Buchstaben dazu. Und noch einmal zusammenzählen! Wie viele Z und A ergeben sich?

Sylvia, eine Teilnehmerin am Selbstliebeseminar, stellte leicht erschüttert fest: Bei ihr stand fast ausnahmslos der Buchstabe Z auf ihrer Freudeliste. Alle Aktivitäten machten ihr nur dann Spaß, wenn sie sie gemeinsam mit Partner oder Freunden unternehmen konnte. Sie musste sich eingestehen, allein unternahm sie so gut wie nichts. Es bedeutete ihr dann einfach viel weniger. Ohne Freunde fühlte sie sich irgendwie wertlos. Sylvia nahm dies zum Anlass, besser auf sich zu achten und etwas mehr für sich und ihre Selbstliebe zu tun.

Zwei Jahre später traf ich sie wieder, und sie sah gänzlich verwandelt aus. Sylvia hatte sich ein Herz gefasst und damit begonnen, Dinge, die ihr Freude machen, nun auch allein zu unternehmen. Sie erzählte mir, wie merkwürdig sie sich gefühlt hatte, als sie das erste Mal allein in ein Lokal ging, sich an einen Tisch setzte und ein Essen allein für sich bestellte.

Nachher merkte sie, so schlimm war es gar nicht. Was hätte denn auch schlimmstenfalls passieren können? Im Grunde gar nichts. Angespornt von solchen kleinen Erfolgen, probierte sie sich immer ein wenig mehr aus. Zum Beispiel wollte sie schon immer das Aquarellmalen lernen. Endlich traute sie sich dann, bei der Volkshochschule solch einen Kurs allein zu besuchen. Und sie lernte viele nette Leute dabei kennen. Sie erzählte mir, ihr neuester Plan sei ein einwöchiger Urlaub in Südspanien, den sie ganz alleine unternehmen wollte. Ich konnte ihr nur dazu gratulieren.

Im Zentrum des Herzens beginnt das Leben.
Der schönste Ort auf Erden.
— Rumi

Vielen Menschen geht es so wie Sylvia. Sie fühlen sich unwohl alleine und haben nur Punkte auf ihrer Freudeliste, die sie gemeinsam mit anderen machen wollen. Sollte es dir auch so gehen, dann hilft dir die nächste Übung. Beginne einfach damit, Dinge, die dir Spaß machen, auch allein zu tun. Es braucht dazu ein wenig Training, zugegeben. Aber Übung macht den Meister.

Übung 5
Das mach ich jetzt alleine

Wieder brauchst du ein Stück Papier und einen Stift. Notiere dir diesmal eine neue Liste all der Dinge, die du gern einmal machen würdest, aber alleine bisher nicht gewagt hast. Das kann im Einzelfall sehr unterschiedlich sein. Manche gehen zum Beispiel abends nie alleine aus, etwa zum Tanzen. Wie ist es bei dir? Wo hast du ebenfalls Hemmungen, etwas allein oder ohne einen Freund zu machen, wo könntest du deine Komfortzone erweitern? Schreib es auf! Dieses Mal müssen es keine zwanzig Dinge werden, aber fünf oder zehn wären schon prima. Was könntest du auch einmal allein unternehmen, das dir Spaß macht? Lies bitte erst weiter, wenn du deine Auflistung fertig hast …

Schreib dir als nächsten Punkt dieser Übung dazu, welche dieser Dinge dir eher leichtfallen würden und welche besonders schwer. Mach also eine Art Ranking und beginne bei der leichtesten Übung, um dich dann langsam im Schwierigkeitsgrad weiter vorzuarbeiten. Es ist dabei ausdrücklich erlaubt, dir die Dinge zu erleichtern. Zum Beispiel könntest du wie Sylvia eine Woche allein in Urlaub fahren, aber für die zweite Urlaubswoche eine Freundin mit dazu einladen. Mit dem Wissen, in einer Woche kommt ja ein netter Mensch, fällt es dir bestimmt leichter, die erste Woche allein zu überstehen und sogar zu genießen. Sei kreativ!

Abschließend möchte ich noch auf einen feinen Unterschied zwischen den beiden Begriffen Einsamkeit und Alleinsein hinweisen. Eigentlich beschreiben sie beiden denselben Zustand: Ein Mensch ist allein mit sich. Entscheidend dafür, wie ein Mensch diesen Zustand erlebt, ist aber der Grad seiner Selbstliebe. Menschen, denen es an Selbstliebe mangelt, fühlen sich einsam, da ihnen etwas fehlt. So wie der Brunnen, den ich weiter oben beschrieben habe, ohne Selbstliebe leer und trocken erscheint, fühlt sich ein Mensch, der sich nicht liebt: öde und leer in seinem Inneren.

Die Liebe zu mir selbst füllt diesen Brunnen auf. Er beginnt zu sprudeln und verbreitet in freudigem Überfluss seine

Gaben an die Menschen um mich herum. Ich kann gut mit mir alleine sein, da ich erfüllt und voller Liebe bin, und diese Liebe füllt die Leere in mir auf. Auch wenn ich allein bin, ist die Liebe in mir immer da und sprudelt in mir. Es ist doch ein sehr schöner Gedanke, mithilfe der Selbstliebe einen Weg zu beschreiten, der dich aus der Einsamkeit hinausbegleitet.

Wer sich selbst liebt,
kann gut allein sein.

Für mich entsteht beim Thema Einsamkeit das Bild eines Kindes vor meinem inneren Auge, das noch zu klein ist, um allein zu sein und die Dinge seines Lebens bewältigen zu können. Für alles braucht es noch die Hilfe der Eltern, besonders seiner Mutter. In diesem Alter ist dies angemessen und richtig. Später dann, wenn ein Mensch körperlich erwachsen geworden ist, sollte er in vielerlei Hinsicht selbstständig handeln können. Dazu gehört, die Dinge des Lebens weitgehend allein tun und entscheiden zu können. Gelingt mir das nicht und bin ich noch häufig auf die Unterstützung meiner Freunde und meines Partners angewiesen, dann bin ich in diesem Sinne noch nicht wirklich erwachsen. Meine steigende Selbstliebe erlaubt es mir, immer besser selbst für mich zu sorgen und auch mein Alleinsein zu genießen.

Selbstliebe schenkt uns den Mut,
wirklich erwachsen zu werden.

Weil ich mich liebe, achte ich auf mich

Der erste Schritt zur Selbstliebe ist die Achtsamkeit. Ich liebe mich und passe darum gut auf mich auf. Ich achte auf mich und auf meine mir zur Verfügung stehenden Ressourcen. Darum gehe ich pfleglich mit meiner Kraft um und sorge dafür, dass ich die wichtigsten Dinge zuerst erledige. Ein gut geführter Kalender hält mir den Kopf frei. Überhaupt achte ich darauf, Freiheiten in meinem Leben zu haben. Ich gönne mir Ruhepausen. Auch vermeide ich Stress und Hektik, da ich wichtige Aufgaben so zügig wie möglich erledige. Meine Disziplin schenkt mir Zeit und Energie. Ich frage mich achtsam immer häufiger: Was macht mir wirklich Freude? Weil ich mich liebe, erlaube ich mir immer wieder diejenigen Dinge in meinem Alltag, die mir Spaß machen. Ich lerne außerdem, solche Dinge auch allein gern zu tun.

Verbundenheit

*Weil ich mich liebe,
höre ich auf mein Gefühl*

Sonne kann nicht ohne Schein,
Mensch nicht ohne Liebe sein.
    – Johann Wolfgang von Goethe

Eine begehrte Predigt

Einmal war Nasruddin zu Gast in einer fremden Stadt und wurde wegen seiner Bekanntheit gebeten, einen Vortrag über sein Wissen zu halten. Er sagte zu, und am Abend versammelte sich eine große Menschenmenge um ihn. Zuerst fragte er die Menschen: »Weiß jemand von euch, worüber ich sprechen werde?« Die Menge antwortete einvernehmlich: »Nein.« Also entgegnete Nasruddin: »Ich habe keine Lust, vor Leuten zu reden, die noch nicht einmal wissen, wovon ich spreche.« Und dann drehte es sich um und ging.

Die Menschen waren natürlich enttäuscht und luden ihn sofort wieder ein, zum nächsten Abend. Nasruddin erschien wieder und fragte erneut: »Weiß jemand, worüber ich heute reden werde?« Und alle antworteten, nach der Erfahrung des Vortages, mit »Ja«. Nasruddin zeigte sich erfreut und sagte: »Gut, da ihr ja schon wisst, was ich sagen wollte, möchte ich nicht noch mehr von eurer kostbaren Zeit verschwenden.« Und er ging wieder.

Die Menschen waren sehr verstört über dieses Verhalten und luden den Gelehrten sofort noch einmal ein. Wieder stellte Nasruddin zuerst die wohlbekannte Frage: »Wisst ihr, worüber ich heute sprechen werde?« Aber die Leute waren diesmal vorbereitet und hatten abgesprochen, wie sie antworten wollten. Die eine Hälfte sagte »Ja«, die andere Hälfte der Menge antwortete kopfschüttelnd mit »Nein«.

»Gut«, sagte daraufhin Nasruddin, »dann erklärt jetzt die eine Hälfte, die weiß, wovon ich reden wollte, es der anderen Hälfte, die es noch nicht weiß.« Und er drehte sich um und ging erneut.

Die Bedeutung von Achtsamkeit ist uns nun bewusst. Selbstliebe zeigt sich im ersten Schritt vor allem daran, wie gut wir auf uns achten. Nun, auf Stufe zwei, schauen wir noch ein wenig genauer hin und beschäftigen uns näher mit dem Instrument in uns, das wir dann am meisten nutzen, wenn wir achtsam werden: unserem Gefühl. Erst mit der Verbundenheit zu unserem Gefühl kann es uns wirklich gelingen, richtig achtsam zu sein und bewusster mit uns umzugehen. Diese Verbundenheit gelingt uns in unserem Herzen als dem Ort, wo wir unsere Gefühle spüren und verarbeiten.

Über mein Herz stehe ich in Verbindung
mit meinem Gefühl.

Erst unsere Gefühle erlauben uns einen tieferen seelischen Zugang zu uns und den Dingen dieser Welt, die dem Verstand weitgehend verschlossen bleiben. Mithilfe unseres Gefühls und seiner Verbundenheit zu unserem Herzen werden wir fähig, einen engen Kontakt zu uns selbst und unserer Umwelt aufzubauen. Warum empfinde ich diese Blume als schön? Warum liebe ich diesen einen Ort ganz besonders? Diese Frage kann uns der Verstand nur bruchstückhaft beantworten. Viele Weisheitslehren der unterschiedlichsten Kulturen sind darum auf der ganzen Welt zu folgender Wahrheit gelangt:

Der Weg zur Erkenntnis ist 30 Zentimeter lang.
Vom Kopf ins Herz.

Liebe ist ganz unzweifelhaft eine Frage des Herzens. Jeder noch so zaghafte Erklärungsversuch, was Liebe ist oder warum ich einen Menschen liebe, scheitert allein schon daran, dass wir dabei ins Denken geraten und damit aus unserem Herzen und der dort befindlichen Liebe herausfallen.

Auch wenn ich versuche, die Liebe zu beschreiben:
Wenn ich sie dann erfahre, bin ich sprachlos.
– Rumi

In unserer Eingangsgeschichte drückt sich auch Nasruddin um seinen Vortrag sehr geschickt herum. Stellen wir uns darum einfach einmal vor, er hätte die Selbstliebe als sein Vortragsthema gewählt. Was hätte er dazu wohl sagen können? Was ist denn Liebe genau? Die vielleicht wichtigste Sache der Welt, das, wonach wir alle unser Leben lang suchen und nach dem wir uns am meisten sehnen – sie ist gar nicht so einfach zu erklären.

Und doch: Wenn uns die Liebe einmal gepackt hat, spüren wir es ganz genau. Jeder von uns kennt diesen Moment, wo wir mit einem anderen Menschen erstmals zusammentreffen und eine tiefe Zuneigung spüren, die uns sofort verbindet, sei es nun in Form einer unbestimmten Sympathie oder als »Liebe auf den ersten Blick«. In solchen seltenen Momenten wird uns unser Gefühl schlagartig bewusst. Liebe ist unser wohl stärkstes und wichtigstes Gefühl. Wenn wir lieben, fühlen wir besonders intensiv.

Liebe ist unser wichtigstes Gefühl.

Um zu lernen, uns selbst zu lieben, ist darum das Fühlen so wichtig. Denn erst durch die Fähigkeit zu fühlen wird uns die Liebe bewusst, die wir in uns tragen. Und erst wenn wir fühlen, wird uns auch die große Verbundenheit deutlich, die wir mit den Menschen unserer Umwelt haben. Wie wichtig die Liebe und die Verbundenheit mit unserem Gefühl sind, zeigt sich schon bei unserer Geburt. Natürlicherweise sind eine Mutter und ihr Neugeborenes gefühlsmäßig sehr stark miteinander verknüpft. Über neun Monate waren sie ein gemeinsamer Körper, und dieser enge Kontakt bleibt auch nach der Geburt noch sehr intensiv bestehen. Wie stark, zeigt die folgende Geschichte:

Die Säuglingsstation

Als in den Geburtsstationen der Krankenhäuser erstmals Brutkästen eingeführt wurden, um zu früh geborene Säuglinge zu retten, gab es eine große Angst vor Infektionen. Darum wurden die Pflegekräfte strikt angewiesen, die Kästen keinesfalls zu öffnen. Die Frühchen wurden mit einer Warmlichtbirne bestrahlt und durch Infusionen mit allen wesentlichen Nährstoffen versorgt. Jedoch zeigte sich bald, dass sie einfach nicht gediehen. In allen Krankenhäusern zeigte sich dieses Ergebnis, nur in einer Säuglingsstation nicht. Hier hatte eine Krankenschwester das Verbot missachtet, den Brutkasten geöffnet und die Babys auf den Arm genommen.

Offenbar ist für unser Wachstum die Zuwendung durch die Mutter oder eine Pflegeperson lebensnotwendig. Bei dieser Betreuung bekommt ein Baby mehr als nur Licht und Nahrung: Ich würde es schlicht und einfach Liebe nennen. Liebe spüren wir und brauchen sie so stark, dass ohne sie gar kein Leben möglich wäre.

Du hast mehr Liebe in dir,
als du jemals verstehen könntest.
— Rumi

In ähnlicher Weise wie ein Säugling mit seiner Mutter oder Pflegerin stehen wir alle in Verbindung untereinander. Und je mehr wir einander lieben, desto enger wird dieser Kontakt. Denken wir nur an frisch verliebte Pärchen, die am liebsten jede Sekunde miteinander verbringen würden. Hier ist die Anziehungskraft riesengroß.

Selbstliebe und Liebe überhaupt bekommen damit eine schon fast dramatische Bedeutung. Sie ist die Energie, die für jeden von uns lebenswichtig ist. Liebe versorgt uns mit Kraft und Freude und macht unser Dasein erst lebenswert. Wenn wir uns selbst lieben, tanken wir uns auf mit dieser besonderen Energie, die aus uns strahlt und uns zum Anziehungspunkt für andere Menschen macht.

Freundschaft addiert, Neid subtrahiert,
Hass dividiert, Liebe multipliziert.
— Sprichwort

Ich erzähle in meinem Selbstliebeseminar die Geschichte von der Säuglingsstation ganz zu Anfang und kann mir danach sicher sein, jeden Teilnehmer dafür gewonnen zu haben, gern und bereitwillig gemeinsam fühlen zu lernen. Konnte ich dich auch begeistern? Na, dann los!

Übung 6
Fühlen lernen

Der allereinfachste Zugang zu deinem Gefühl gelingt dir über dein Herz. Genau genommen müssen wir das Fühlen gar nicht erlernen; eigentlich können wir es alle bereits. Wir haben nur vergessen, dass es uns in jedem Moment zur Verfügung steht. Also, erinnern wir uns. Unser wichtigstes Hilfsmittel, um mit unserer Umwelt in Kontakt zu treten, ist unsere Hand. Wir berühren oft Dinge, um sie besser spüren und entdecken zu können. Was liegt darum näher, als einfach einmal unsere Hände auf unser Herz zu legen und die Augen zu schließen. So verrückt es erscheinen mag, das ist schon alles. Verbleibe mit einer oder beiden Händen ein paar Minuten da und spüre einfach. Was passiert? Wie fühlst du dich dabei?

Der Seminarteilnehmer Rainer erzählte mir nach dieser Übung, wie angenehm er sich dabei gefühlt hatte. Es war, als würde er nach Hause kommen, in seine sehr behagliche Wohnung. Er meinte sogar, immer Heimweh nach diesem Gefühl verspürt zu haben. Nun wusste er endlich, was ihm gefehlt hatte: die Verbindung zu seinem Herzen.

Den allermeisten Menschen geht es wie Rainer. Sie entspannen sich bei dieser Übung sehr. Das Herz als zentrales Organ unseres Körpers bringt uns wieder in unsere Mitte, wenn wir uns mithilfe unseres Gefühls nur eng genug mit ihm verbinden. Dazu braucht es, wie eben gezeigt, wirklich nicht viel. Wir müssen es nur tun.

So einfach es klingen mag, das ist auch schon unser größtes Problem, wenn es um Selbstliebe geht. Dauernd sind wir mit irgendetwas Wichtigem sehr beschäftigt und vergessen dabei das Allerwichtigste: den Kontakt zu uns selbst. Wenn wir uns mit unserem Herzen verbinden, kommen wir bei uns selbst an. Wir spüren uns und finden zu unserer innerlichen Ruhe. Und nur in dieser Stille sind wir wirklich mit der Stimme unseres Gefühls ganz verbunden. Sie bedingen einander.

In der Ruhe spüren wir unsere Gefühle,
und das macht uns ruhig.

Denn was geschieht, wenn ich die Verbindung zu meinem Gefühl verliere? Wir kennen es alle: Ich bekomme Stress. Denn ich gebe mir keine Zeit, auch mal durchzuschnaufen. Mir fehlt es dann an Energie und damit an Freude.

Dieses Phänomen tritt in der aktuellen Zeit bei sehr vielen Menschen auf. Niemand hat noch Zeit, und viele klagen über Stress und Burn-out-Symptome. Das Thema Fühlen und Auf-sich-Achten ist darum ein sehr großes, gesellschaftliches Thema geworden.

Offenbar spüren sich viele Menschen nicht mehr. Eigentlich zeigt uns unser Gefühl, wo es für uns zu viel wird. Wir hören aber nicht darauf, da wir denken, dieses und jenes tun zu *müssen*. Immer mehr Termine sind einzuhalten, immer mehr Arbeit ist zu erledigen und das Ganze in immer kürzerer Zeit.

Stress entsteht, wenn wir uns nicht mehr fühlen.

Wir haben die Verbindung zu uns und unserem Gefühl verloren. Wenn ich hektisch werde, falle ich aus meiner inneren Mitte. Ich gerate in Hast. Nun ist aber von der Herkunft des Wortes her »hasten« mit »hassen« verwandt. Und Hass ist das genaue Gegenteil von Liebe. Es ist darum nur logisch, daraus zu folgern: In Hektik und Eile lieben wir uns auch nicht mehr.

Hast und Eile sind das Gegenteil von Liebe.

Darum ist die Verbindung zu unserem Gefühl so ungemein wichtig. Sie befreit uns aus unserem persönlichen Wahnsinn, in dem wir nur noch hektisch durch unser Leben hasten, und bringt uns zurück ins Herz und zu der dort auf uns wartenden Liebe.

Immer, wenn ich die Schlagzahl meines Lebens verringere und langsamer werde, bekomme ich Gelegenheit, mich wieder zu spüren. Oft reicht dazu ein kurzer Moment, der den entscheidenden Unterschied ausmachen kann. Wie im folgenden Beispiel:

Während eines Ferienseminars zum Thema Selbstliebe veranstalteten wir bei schönstem Wetter einen geselligen Abend mit Gitarre und Lagerfeuer. Da es sehr nett war, wollten die letzten vier Hartgesottenen erst gegen zwei Uhr morgens in ihr Bett. Als Rita ihren Zimmerschlüssel aus dem Fach im Hotel nehmen wollte, fehlte er jedoch. Ausgerechnet der mit der Nummer 13. Sie suchte ihn gemeinsam mit den anderen überall, doch sie fanden ihn nicht. Was nun? Um diese Uhrzeit war in der kleinen Herberge niemand mehr zu erreichen. Rita begann langsam, panisch zu werden. Was konnte sie nur tun?

Die anderen beruhigten sie aber sofort. Als Teilnehmer des Selbstliebeseminares spürten sie in die Situation hinein und wurden einen Augenblick lang ruhig. Die Lösung fand sich sofort: Zwei der Teilnehmer waren gut befreundet, und einer von beiden hatte ein Doppelzimmer bekommen, das er allein bewohnte. So ließ er also seinen Freund bei sich im Doppelbett schlafen, und das freie Zimmer bekam Rita, die sich sehr über diese Hilfsbereitschaft freute. Es war ganz einfach. Es brauchte nur einen Moment der Besinnung.

Natürlich besprachen wir den Vorfall am nächsten Tag im Seminar. Manchmal müssen wir uns im Tagesablauf schlicht und ergreifend vor uns selbst schützen. Immer wieder kommen wir in Situationen, wo wir zunächst keine Lösung finden. Unsere Gedanken drehen sich im Kreis, wir werden hektisch und geraten sehr leicht in Panik. Dann jedoch finden wir ganz bestimmt keine gute Lösung mehr, die ja einen kühlen Kopf erfordern würde.

In Stress findet sich meist keine gute Lösung.

Und umgekehrt, wenn wir uns entspannen und ruhig bleiben, findet sich häufig die Lösung von selbst. Patrizia erzählte uns, nachdem wir über Rita und ihren verlorenen Schlüssel gesprochen hatten, ihr sei es einmal ganz ähnlich ergangen. Im Urlaub in Spanien parkte sie ihren Mietwagen in einer Tiefgarage und vergaß beim Schlendern durch Malaga völlig die Zeit. Spät in der Nacht erschrak sie dann sehr, als sie ihr Auto abholen wollte. Denn die Garage war bereits geschlossen und öffnete erst am nächsten Morgen wieder. Und kein Parkwächter weit und breit. Was sollte sie tun? Patrizia erzählte uns, wie sie langsam verzweifelte und keinen Ausweg fand. Also setzte sie sich vor das Tor des Parkhauses und rauchte erst einmal eine Zigarette, um sich zu beruhigen. Es dauerte nicht lange, und eine Gruppe Jugendlicher kam vorbei und wurde auf sie aufmerksam. Sie erwiesen sich als rettende Engel. Patrizia schilderte ihre Notlage, und einer der Jugendlichen sagte lächelnd, die Garage gehöre einem Onkel von ihm. Während Patrizia sich mit den anderen unterhielt, holte er den Schlüssel und befreite ihren

Wagen aus dem Parkhaus. Engel können manchmal auch Lederjacken tragen!

Damit sich eine gute Lösung finden lässt, müssen wir uns darum besonders vor unseren eigenen Gedanken schützen, die Karussell im Kopf fahren wollen. Stress hat die Tendenz, zu noch mehr Stress zu führen. Um abkühlen zu können, reicht jedoch schon ein kleiner Impuls der Ruhe. Alles, was wir dazu benötigen, ist ein kurzer Kontakt zu unserem Herzen. Eine kleine Verbindung zu unserem Gefühl.

Wenn wir uns fühlen,
werden wir besonnen.

Mehr braucht es nicht dazu. Wenn unsere Gedanken sich im Kreis drehen, werden wir unruhig, da wir unsere eigene Mitte verlieren. Unser Herz als seelisches Zentrum ist plötzlich ganz weit weg. Wenn Stress entsteht, weil wir uns nicht mehr fühlen, dann führt das Fühlen im Umkehrschluss dazu, dass wir wieder ruhig und besonnen werden.

Übung 7
Dein Herz und du

Leg bitte wie bei der letzten Übung zunächst beide Hände auf dein Herz. Schließ dann deine Augen und stärke so die Verbindung zu deinem Herzen noch mehr. Spür die Wärme der Hand. Wie fühlt sich deine Brust an? Bald schon spürst du, wie in deiner Brust auf ganz natürliche Weise Wärme entsteht. Deute diese Wärme als Ausdruck deiner Liebe, die im Herzen wohnt und sich nun zeigt. Bleib noch einige Minuten in diesem Zustand und genieße ihn. Lerne ihn kennen. Wie fühlst du dich dabei? Vielleicht hast du Freude daran, in den nächsten Tagen immer wieder auf diese Weise zu dir und deinem Herzen zurückzukehren. Wenn du immer mehr spürst, wie dich der Kontakt zu deinem Herzen beruhigt, dann kannst du dich auch bei aufkommender Hektik daran erinnern. Sag dir dann einfach: Ich werde hektisch? Moment! Ich spüre mein Herz!

Weil ich mich liebe,
werde ich ruhig und gelassen.

Sicher kennst du den Rat, vor anstehenden Entscheidungen am besten eine Nacht darüber zu schlafen. Ich mache das sehr häufig so, und der Trick ist im Grunde derselbe wie bei der eben beschriebenen Übung. Ich schaffe auf diese Weise Abstand zu meinen kreisenden Gedanken, die ruhelos »vor sich hin denken«. Wenn ich schlafe oder mein Herz spüre, komme ich wieder zu mir und meiner Mitte. Dann finde ich viel leichter eine gute Lösung. Manchmal löst sich das Problem dann ganz von allein auf. Offenbar hatten sich meine Gedanken mal wieder in etwas hineingesteigert und machten eine Mücke zum Elefanten. Das Problem existierte nur in meiner Vorstellung. Es war ein Produkt meiner Gedanken.

Weil ich mich liebe,
glaube ich nicht alles,
was ich denke.

Wenn ich mir Abstand zu meinen Gedanken verschaffe, indem ich mein Herz fühle, schütze ich mich vor den Hirngespinsten meiner eigenen Vorstellungskraft. Gedanken besitzen ein Eigenleben, und das umso mehr, wenn ich ihnen schutzlos ausgeliefert bin. Meine Erfahrung ist sogar, eine gute Lösung findet sich spannenderweise ganz im Gegenteil genau dann, wenn ich ruhig und gelassen bin. Dann komme ich bei mir an, fühle mich wohl und zu Hause bei mir.

Gute Lösungen und Antworten
finden sich leichter,
wenn ich in meiner Mitte bin.

Albert Einstein war sogar der Meinung, dass die Monotonie und Einsamkeit eines ruhigen Lebens den schöpferischen Geist anregt. In der Ruhe liegt die Kraft, und aus unserer Mitte entspringt eine Quelle, die uns Ideen schenkt, Gelassenheit, Frieden und Zuversicht. Warum in die Ferne schweifen, wenn das Gute liegt so nah? Goethes Worte lassen sich auch auf die Selbstliebe beziehen. In unserem Herzen können wir unsere Mitte finden und die Liebe, die uns mit allem versorgt, was wir brauchen.

Der Schlüssel zum Himmel – eine Geschichte aus der Tradition der Sufi

Als Gott die Welt erschaffen hatte, waren zunächst noch alle Menschen bei ihm in seinem himmlischen Reich. Gott wollte jedoch, dass sie auf der Erde leben sollten. Schließlich hatte er die Erde ja zu genau diesem Zweck für sie erschaffen. Also berief er eine himmlische Sitzung ein und beriet sich mit seinen Engeln.

Als Erster ergriff Michael das Wort. »Wir sollten den Himmel verschließen! Dann müssen die Menschen auf der Erde bleiben und kommen nicht mehr herein.«

»Gute Idee«, antwortete Gabriel, »aber was tun wir mit dem Schlüssel?«

»Wir müssen ihn verstecken«, dachte Raphael laut mit. »Aber wo? Es müsste ein Ort sein, wo ihn die Menschen nicht finden!«

»Wir versenken ihn im Meer«, schlug Hesekiel vor. »An seiner tiefsten Stelle!«

Gott winkte ab: »Ich kenne die Neugier und den Einfallsreichtum der Menschen. Sie werden ihn dort finden.«

»Dann verstecken wir ihn unter dem Schnee der höchsten Berge!«

Gott seufzte: »Sie werden ihn finden!«

»Wir schießen ihn in den Weltraum!«

Gott winkte ermattet nur noch ab.

Da meldete sich Gabriel. »Ich habe eine Idee. Wir verstecken den Schlüssel im Herzen der Menschen!«

Dieser Einfall gefiel Gott. »Ja, so machen wir es. Sie finden ihn leichter im Meer und auf den Bergen als in ihrem eigenen Herzen. Aber wenn sie ihn dort finden, dann sollen sie ihn auch benutzen dürfen.«

Die Liebe ist das Flügelpaar,
das Gott der Seele gegeben hat,
um zu ihm aufzusteigen.
   – Michelangelo Buonarroti

Die beiden Übungen sechs und sieben eignen sich hervorragend, um einen innigen Kontakt zu deinem Herzen aufzubauen. Wenn du diese Übungen immer wieder praktizierst, kommst du dir und deinen Gefühlen immer näher. Und dies ist von besonders großer Bedeutung für deine Selbstliebe, denn über die innere Stimme unserer Gefühle spricht auch unser Herz zu uns. Wir bekommen mit ihrer Hilfe einen Eindruck, welche Bedürfnisse wir haben und was wirklich gut für uns ist.

Mit ein wenig Übung kannst du dich auf diese Weise mit deinem Herzen verbinden. Um ihm die simple Frage zu stellen: Wie fühlt sich das an? Diese Frage ist für mich der Schlüssel zu unserem persönlichen Himmel.

Übung 8
Dein Gefühl befragen

Jeder von uns fühlt etwas, in jedem Augenblick. Nur gehen wir normalerweise über diese inneren Impulse einfach hinweg. Um wieder mehr Zugang zu deinem Gefühl zu bekommen, braucht es darum gar nicht viel. Geh wie in den beiden letzten Übungen beschrieben in Verbindung zu deinem Herzen, indem du beide Hände auf deine Brust legst. Nun fühle die Wärme, die dabei entsteht. Dann reicht es aus, eine klare Regieanweisung an dich selbst zu geben. Frage dein Herz und in dich hinein: »Wie fühlt sich das an?« Mehr ist nicht nötig. Frage dich also immer wieder bei einer Entscheidung: Wie fühlt sich diese Möglichkeit an, wie dagegen die andere? Wenn du zum Beispiel in der Mittagspause zum Italiener oder zum Griechen gehen könntest, frage doch einfach dein Herz danach. Worauf hättest du mehr Lust? Wie gesagt, du musst es einfach nur tun. Dein Herz und deine Gefühle stehen dir immer offen. Nimm es dir am besten gleich fest für die nächsten Tage vor. Es wäre eine schöne Begleitung, während du dieses Buch weiterliest.

Judith lernte diese Übung in meinem Selbstliebeseminar kennen und wurde rasch ein richtiger Fan davon. Sie steckte bald schon ihren gesamten Freundeskreis damit an, und lachend erzählte sie mir dann am Telefon: »Weißt du, Manfred, wenn meine Freundinnen und ich eine Entscheidung treffen wollen, dann haben wir uns früher gegenseitig gefragt: ›Was denkst du darüber?‹ Heute fragen wir uns stattdessen: ›Und? Wie fühlt es sich für dich an? Was sagt dir dein Gefühl?‹«

Diese Übung ist eine Weiterführung der Frage »Was macht mir wirklich Freude?« aus dem ersten Kapitel. Diesmal nehmen wir die Idee mit in unser tägliches Leben. Horche so wie Judith immer wieder in dich hinein, was dir dein Gefühl sagt. Bist du müde? Dann schau, wo du dich entspannen kannst, und sei es auch nur kurz. Ein Freund von mir hat mir gestanden, er hat häufig längere Besprechungen, die gern ein paar Stunden dauern. Wenn ihm das Zuhören dann zu viel wird, entschuldigt er sich, er müsse auf die Toilette. Dort setzt er sich einfach hin und entspannt sich ein wenig. Die kurze Pause tut ihm gut, und er kann dann wieder konzentrierter in das Meeting gehen. Es gibt immer einen einfachen Weg, deinem Gefühl zu folgen.

»Wie fühlt sich das an?« Das Gute ist, wir haben zu allem und jedem in unserem Leben ein ganz bestimmtes Gefühl, das uns selbst entspricht. Unser Gefühl steht in Verbindung zu unserem Herzen und macht ein großes Stück unseres Wesens aus. Auch wenn unser Verstand im Alltag zumeist die dominante Rolle spielt, ist unser Gefühl doch unser viel wesentlicherer Zugang zu uns selbst.

Darum sollten wir uns viel öfter gestatten, wieder in uns hineinzuspüren. So wie wir ab und zu ins Fitnessstudio gehen, so können wir uns einfach während unseres Tagesablauf auf unsere Gefühle besinnen und uns dazu die Frage stellen: »Wie fühlt sich das für mich an?« So wie wir unsere Muskeln beim Sport stärken, so kann auch unser Gefühl wieder feiner und wahrnehmender werden, wenn wir es hin und wieder trainieren. Energie folgt der Aufmerksamkeit, und wenn wir unseren Gefühlen Zeit und Zuwendung schenken, dann werden sie wieder kraftvoll und elastisch.

Ein guter Test für diese Übung ist unsere eigene Wohnung. Übe dein »Wie fühlt sich das an?« jetzt sofort an dem Ort, an dem du dieses Buch liest. Gehen wir noch ein wenig mehr ins Detail.

Übung 9
Dein Zuhause

Setz dich auf dein Sofa, dann auf dein Bett, dann an den Küchentisch und vielleicht noch auf deinen Balkon oder deine Veranda. Verbinde dich mit deinem Herzen und frage dich an jedem dieser Plätze: »Wie fühlt sich das an?« Du wirst dabei ganz neu entdecken, was dich mit deiner Wohnung oder deinem Haus gefühlsmäßig verbindet. Du bekommst Klarheit darüber, was du an deinem Zuhause wirklich magst. Welcher Platz ist dir der liebste? Balkon, Badewanne, Küche, Veranda, Bett, Sofa? Zähle dir nun noch einmal auf, warum du deine Wohnung liebst. Ich liebe meinen alten Küchentisch. Ich liebe die Posterwand. Ich liebe das warme Licht, das am Abend durch das Fenster scheint. All diese Gegenstände und Eigenschaften deiner Wohnung hast du dir selbst geschaffen und dir selbst erlaubt. Mach dir einmal ganz bewusst: All das Schöne, das dich in deinem Zuhause umgibt, spiegelt deine Liebe zu dir selbst! Genieße also wirklich deine Kuschelecken, deine Lieblingsplätze. Nimm deine Pflanze in dein Herz, deinen Hund, deine Küche, dein gesamtes Haus. Kommt dir nicht sofort eine Idee, wie du deine Wohnung noch schöner und liebenswerter gestalten könntest? Die Liebe, die du deiner Wohnung schenkst, gibt sie dir ganz sicher hundertfach zurück!

Weil ich mich liebe,
schaffe ich mir ein heimeliges Zuhause.

Ulrike erzählte mir, dass sie seit dieser Übung mit einem ganz neuen Blick durch ihre Wohnung geht. Wo könnte sie noch etwas verschönern? Seit einer Weile stöbert sie mit diesem Gedanken auch durch Einrichtungshäuser und findet immer wieder kleine Dekorationsstücke für sich selbst oder um sie an Bekannte zu verschenken. Einen Platz in ihrer Wohnung hat sie als Leseecke eingerichtet und einen anderen, um dort ihre Morgenmeditation abzuhalten. Oft zündet sie am Abend eine Kerze in ihrer Wohnung an, weil sie dieses sanfte Licht so heimelig findet. Sie sagte zu mir, seither ist sie viel lieber zu Hause und schätzt ihre Wohnung viel mehr als Zufluchtsort.
Selbstliebe zeigt sich auch in unserem Außen. Ein Mensch, der sich selbst liebt, sorgt für eine schöne Wohnung, die ihm das Gefühl gibt, zu Hause zu sein. Er hält Ordnung, schenkt sich bunte Farben an den Wänden und frische Blumen auf Tisch und Balkon. Die Liebe zu sich selbst zeigt sich in seiner Liebe zu den Dingen, die ihn umgeben. Je mehr ich meine Gefühle ernst nehme, desto mehr werden sie mir zeigen, wie ich mich noch mehr selbst lieben kann!

Ein weiteres Übungsfeld für die Übung »Wie fühlt sich das an?« ist unser eigener Körper. Ganz selbstverständlich wird ein Mensch, der sich selbst liebt, sich auch um sein leibliches Zuhause, seinen Körper, kümmern und für ihn sorgen. Darum funktioniert diese Übung nicht nur in Bezug auf unsere Wohnung, sondern du kannst dich mit ein wenig Praxis ebenso in deinen Körper hineinfühlen.

Übung 10
Gärtner sein für deinen Körper

Lege zu Anfang deine Hände auf dein Herz und spüre in dich hinein. Erlaube dir einen kleinen Check-up. Du fühlst nun in dich hinein. Beginne oben am Kopf. Wie geht es deinen Augen? Wie fühlen sie sich an? Ist die Brille noch angemessen? Was machen die Zähne, wäre ein Besuch beim Zahnarzt mal wieder fällig? Zwickt es irgendwo in dir? Wie geht es deinem Herz, deiner Lunge? Kümmere dich besonders aufmerksam um deine Schwachstellen. Du kennst dich selbst am besten. Nimm dir vor, in naher Zukunft besonders liebevoll mit deinem Körper umzugehen. Was könntest du in nächster Zeit für ihn tun? Spür in dich hinein. Ein Besuch im Schwimmbad, ein Spaziergang? Wie wäre es mit einer Massage? Dein Körper wird es dir danken. Die Liebe, die du ihm schenkst, gibt er dir durch Vitalität und Kraft hundertfach zurück. Wenn du Freude daran hast, notiere dir die Ergebnisse dieser Übung im Anschluss noch auf ein Blatt Papier oder in dein Tagebuch.

Weil ich mich liebe,
kümmere ich mich um die Bedürfnisse
meines Körpers.

So wie es ein guter Gärtner tut, so kümmern sich Menschen mit Selbstliebe hingebungsvoll um ihren Körper. Wenn ich meine Blumen dünge und mit genügend Wasser versorge, werden sie prächtig und farbenfroh erblühen und mich erfreuen. Genauso wird mein Körper es mir danken, wenn ich genügend schlafe, gehaltvoll und gesund esse und mich ausreichend bewege. Also, fühle hinein in deinen Körper, damit er dir ein gutes Gefühl zurückschenken kann!

Nebenbei gesagt bin ich mir sicher: Bei Menschen, die den sogenannten »grünen Daumen« haben, ist vor allem Liebe im Spiel. Solche Menschen mögen ihre Pflanzen ganz besonders gern, sprechen mit ihnen oder bewundern sie für ihre Schönheit. Mit jedem Tropfen Wasser, mit dem sie ihre Blume gießen, fließt darum auch ein Quäntchen Liebe mit. Und die Blume gibt es ihnen durch besonders gutes Wachstum und viele Blüten zurück. Warum also nicht genauso mit deinem Körper umgehen?

Die Liebe, die ich meinen Pflanzen und meinem Körper schenke, kann sich jedoch nur dann entfalten, wenn ich sie verschenke und damit offenlege. Das gilt ganz allgemein für alle Gefühle, die ich habe. Wenn ich mich durch die Frage »Wie fühlt sich das an?« mit mir und meinen Gefühlen verbunden habe, dann schließt sich als nächstes Übungsfeld für meine Gefühle und meine Selbstliebe an, dass ich meine Gefühle meiner Umwelt auch zeige und sie ausdrücke.

Weil ich mich liebe,
verleihe ich mir und
meinen Gefühlen Ausdruck.

Meine Selbstliebe zeigt sich besonders daran, wie ich mit meinen Gefühlen umgehe. Gefühle sind der lebendige, einzigartige Teil meiner selbst und machen mich zu etwas ganz Besonderem. Gefühle sind die »Sprache meiner Seele«, mit der mein Innerstes zu mir spricht. Sie zeigt mir damit, was ich mag und was ich weniger mag, und gibt mir einen Impuls, in welcher Richtung ich mich entscheiden soll. Nachdem ich mir also über meine Gefühle klarer geworden bin, schließt sich nun folgerichtig an, meine bewusst gewordenen Gefühle zu zeigen und auszudrücken. Selbstliebe zeigt sich daran, dass ich zu meinen Gefühlen stehe. Denn meine Gefühle machen mich ganz ursprünglich aus.

Meine Gefühle sind ein ursprünglicher Teil
meines Selbst und machen mich authentisch.

Es ist dabei einerlei, welche Form ich wähle, um meine Gefühle auszudrücken. Ich kann ein Bild malen, eine Skulptur töpfern, singen, tanzen oder musizieren. Auf welche Art und Weise möchtest du dich deiner Welt zeigen? Die nächste Übung hilft dir dabei.

Übung 11
Ich zeige mich, wie ich bin

Geh noch einmal gedanklich zurück zur Übung aus Kapitel 1: *Wieder Kind sein*. Erinnere dich daran, was hast du als Kind gern Kreatives getan? Wodurch hast du dich und deine Gefühle gezeigt? Gut möglich, dass du gern gemalt oder gebastelt hast. Dann beginne wieder spielerisch mit einem Hobby, das du als Kind gern betrieben hast. Belege einen Malkurs, zeichne mit dem Bleistift, besuch einen Trommelkurs, fang wieder an zu tanzen. Folge dem Gefühl deiner Freude und entdecke deine Ausdruckskraft aufs Neue. Deine Selbstliebe wird es dir danken.

Kreativität ist Intelligenz, die Spaß hat!

Denk dabei bitte daran: Es geht hier nicht darum, perfekt zu sein. Entdecke vielmehr die Freude, endlich wieder schöpferisch tätig zu sein. Gerade Menschen, die potenziell sehr viel Gefühl und damit Ausdrucksfähigkeit zur Verfügung hätten, scheuen sich besonders, sie zu zeigen. Unser Gefühl macht uns verletzlich, sodass besonders Menschen mit viel Gefühl sich durch die Entwicklung hoher Intelligenz zu schützen versuchen. Ihr kluger Verstand schirmt sie vor möglichen Verletzungen ab, hat aber die Tendenz, die Gefühle zu unterdrücken und unter Verschluss zu halten.

Gerade Menschen mit viel Gefühl
entwickeln einen starken Verstand,
um sich zu schützen.

Wenn ich aber mein Gefühl nicht zeige, dann stehe ich ı zu ihm und damit auch nicht zu mir. Ich verstelle mich ____ glaube, es sei falsch, Gefühle zu zeigen. Ich unterbreche die Verbindung zu meinem Gefühl und folge lieber meinem Denken. Das gibt mir scheinbar Sicherheit. Etwas in mir suggeriert mir sogar, nur wenn ich fehlerfrei und makellos wäre, hätte ich Erfolg und würde geliebt.

Menschen, die nicht zu ihren Gefühlen stehen wollen und sie der Welt nicht zeigen, gleichen eine Knospe, die nicht öffnen will. Niemand kann ahnen, welche Farbe und Form die Blüte in ihrem Inneren haben wird. Wenn sie aber ihrem Gefühl Ausdruck verleihen, berühren sie ihre Umwelt auf ganz besondere Weise. Die Wirkung ihrer bisher verschlossenen Gefühle ist ganz besonders stark.

Ich war schon einige Male sehr ergriffen, wenn sich solche eher stillen Menschen in ihrem Gefühl öffnen und sich zeigen. Vor allem erinnere ich mich dabei an eine Begegnung mit Marshall Rosenberg, den ich anlässlich eines Interviews im Jahr 2000 persönlich kennenlernen durfte. Er ist der Begründer der GFK (Gewaltfreie Kommunikation). Wer die GFK noch nicht kennen sollte: Sie ist ein wunderbares Instrument, mit dem wir uns darüber klar werden können, wann wir aggressiv (wölfisch) oder aus dem Herzen (giraffisch) miteinander sprechen. (Näheres dazu im Anhang dieses Buchs).

Rosenberg wirkte in diesem Gespräch vor der Kamera ganz unscheinbar. Er sprach eher emotionslos und trocken. Ich wunderte mich schon, wie er es zu so großer Bekanntheit bringen konnte. Dann aber demonstrierte er die GFK mithilfe zweier Handpuppen – und er blühte auf. Seine Augen strahlten mit einem Mal und wurden ganz bezaubernd. In der einen Hand spielte er mit einem Wolf die aggressive, in der anderen mit einer Giraffe die Herzenssprache. Seine Begeisterung wirkte so nachhaltig auf mich, dass er mir sofort als bestes Beispiel für die Wirkung von Gefühlen einfällt, wenn sie sich zeigen.

Um den Mut zu bekommen, meine Gefühle und damit mich selbst zu zeigen, braucht es aber schon ein gerüttelt Maß an Selbstliebe. Erst wenn ich, wie im ersten Kapitel besprochen, auf mich und meine Bedürfnisse achte, wage ich, meine Gefühle offenzulegen. Selbstliebe schenkt mir den ausreichenden Selbstwert dazu. Denn was sollte ich meiner Umwelt zeigen, wenn ich mich selbst nicht liebe und mich für wertlos halte?

Selbstliebe macht mich erst mutig genug,
meine Gefühle zu zeigen.

Damit endet unser kleiner Ausflug in die Welt der Gefühle und ihren Zusammenhang mit der Selbstliebe. Wer an dieser Stelle tiefer einsteigen möchte, dem sei mein letztes Buch *Der Bambus-Effekt* ans Herz gelegt. Darin gehe ich ausführlicher auf die Wichtigkeit unserer Gefühle ein und stelle ein neues, ganzheitliches Gefühlscoaching vor, das darauf abzielt, mit uns und unseren Gefühlen wieder in Harmonie zu kommen.

Weil ich mich liebe,
stehe ich in Verbindung mit meinem Gefühl

Selbstliebe gelingt mir am besten dann, wenn ich meine Bedürfnisse gut kenne. Dabei hilft mir vor allem mein Gefühl. Ich kann mich in jedem Moment fragen: »Wie fühlt sich das an?«, nur für mich, und ich werde eine Antwort spüren. Suche ich nach einer Entscheidung, kann mein Gefühl mir sagen, welche Möglichkeit ich wählen sollte. Durch mein Gefühl stehe ich in Kontakt mit meiner Umwelt – etwa zu meiner Wohnung – und auch mit meinem leiblichen Körper. Liebe ist das stärkste und wichtigste Gefühl, das ich besitze. Weil ich mich liebe, verleihe ich meinen Gefühlen Ausdruck und zeige mich dabei, wie ich wirklich bin. Durch meine Gefühle kann ich andere Menschen wirklich im Herzen berühren.

Der dritte Schritt zur Selbstliebe:

Vertrauen

*Weil ich mich liebe,
vertraue ich meiner Intuition*

Welch himmlische Empfindung ist es,
seinem Herzen zu folgen.
  – Johann Wolfgang von Goethe

Der verlorene Schlüssel

Nasruddins Nachbar war schon einiges gewöhnt, aber an einem Tag verwirrte ihn das Verhalten seines Bekannten doch sehr. Er sah Nasruddin, wie dieser auf der Straße vor seinem Haus mit gesenktem Blick sehr aufgeregt kreuz und quer herumlief. Sofort eilte der Nachbar hinzu, um zu fragen, was er denn suche. Nasruddin antwortete: »Meinen Schlüssel. Ich habe meinen Hausschlüssel verloren.« Also gesellte sich der Nachbar bei der Suche dazu. Lange Zeit suchten beide in der sengenden Mittagshitze nach dem verlorenen Schlüssel. Erschöpft sagte schließlich der Nachbar: »Wo hast du den Schlüssel denn das letzte Mal gesehen? Vielleicht können wir die Suche eingrenzen.« Nasruddin antwortete: »Zuletzt habe ich den Schlüssel irgendwo im Haus hingelegt.« Der Nachbar fragte daraufhin entsetzt: »Ja, um Himmels willen, warum suchst du denn nicht dort?« Nasruddin entgegnete ungerührt: »Mein Guter, drinnen ist es zu dunkel, da sehe ich nichts. Hier draußen ist es viel heller, da ist es leichter, etwas zu suchen.«

Wenn ich mich immer bereitwilliger meinen Gefühlen widme, spüre ich auch immer genauer, was sie mir sagen wollen. Wenn ich mich ihnen öffne und sie meiner Umwelt zeige, werde ich authentisch und lerne mich besser kennen. Schon bald wird es mir gelingen, meinem Gefühl und meiner Intuition mehr zu vertrauen. Und so gehe ich nun auf dem Weg zur Selbstliebe den nächsten, folgerichtigen Schritt: Ich beginne, meinem Gefühl ein noch größeres Gewicht zu geben und ihm immer mehr zu folgen. Dabei vertraue ich meinem verfeinerten Gefühl, der Intuition, anstatt wie gewohnt nur meinem vorlauten Verstand.

Dieser dritte Schritt hin zu mehr Selbstliebe ist der vielleicht schwierigste. Ich suche meine Antworten nicht mehr »da draußen«, so wie es Nasruddin in unserer Geschichte tut. Nein, ich gehe nun öfter nach innen: dorthin, wo es dunkel ist und wo unser Verstand uns keine Hilfestellung mehr geben kann.

Denn das Verhalten unseres Helden in der obigen Geschichte mag zwar auf den ersten Blick unsinnig erscheinen, es spiegelt jedoch unser tägliches ganz normales Handeln. Um Antworten zu finden und Probleme zu lösen, suchen wir wie Nasruddin zunächst im Außen. Hier, in der sichtbaren Welt, können wir mithilfe unseres Verstandes abwägen, analysieren, beurteilen und vergleichen. So sind wir es gewöhnt. Um uns und die anderen Menschen aber wirklich und tiefgehend fühlen und begreifen zu können, braucht es stattdessen den Blick nach innen. Wenn wir unsere Gefühle verfeinern und ihnen vertrauen, wird unser Zugang zum Herzen noch tiefer. Wir beginnen, immer mehr auf die leise innere Stimme zu hören.

Ich habe am Rande des Wahnsinns gelebt,
nach Gründen suchend, an die Tür pochend.
Sie öffnet sich. Ich habe von innen geklopft.
– Rumi

Um zu erlauben, dass wir ganz mit unserem Herzen und der Liebe zu uns selbst verbunden werden, braucht es unbedingt diese Hinwendung nach innen. Die Liebe zu uns selbst kommt von innen. Aus uns selbst heraus.

In Verbindung mit meinem Herzen treffe ich dann meine Entscheidungen immer öfter aufgrund meiner Intuition. Auch wenn das manchmal sehr schwerfällt. Durch diese leise Stimme des Herzens spricht unsere Seele zu uns. Sie möchte uns verführen, dem Weg unseres Herzens zu folgen. Dem Weg der Liebe zu uns selbst.

Hast du dich auf die rechte Weise lieb,
so hast du alle Menschen lieb wie dich selbst.
— Meister Eckhard

Für mich als eher rational geprägten Menschen war das wirklich eine große Herausforderung. Es sind zwei völlig unterschiedliche Paar Schuhe, zum einen die Stimme des Herzens zu kennen und zum anderen, diesem Instinkt in der Praxis tatsächlich nachzugeben. Ich spreche da aus eigener Erfahrung.

Bei mir kam es zu dieser Entscheidung, meinem Herzen zu folgen, in ganz besonderer Weise, als ich meine spätere Frau Bärbel erstmals auf einem Seminar in die Arme schloss. Das Ziel dieses Seminares war es tatsächlich, uns als Teilnehmern die Herzenssprache der südamerikanischen Koogis zu vermitteln, die weniger auf Sprache als auf tiefer emotionaler Verbundenheit beruht. Außerdem war der Anlass, dass wir uns gegenseitig lange und intensiv in die Arme schlossen, eine Herzumarmung, bei der es nur darum geht, den anderen im Herzen wahrzunehmen. Unsere Herzen sagten uns unmissverständlich: Wir kennen uns. Wir gehören zusammen.

Jemanden lieben heißt, ihn so zu sehen,
wie Gott ihn gemeint hat.
– Fjodor Dostojewski

Stell dir vor, dir würde dasselbe passieren. Was würdest du tun? Ich hatte eine wirklich tolle und gut bezahlte Stelle im Umweltbereich, die ich mir mühsam erarbeitet hatte, mit Reisetätigkeit, Führungsverantwortung und selbstständigem Arbeiten. Ich liebte meine wunderschöne neue Wohnung in bester Wohnlage in Köln, hatte ein beglückendes Umfeld mit Freunden und meiner Familie. Alles war bestens. Und da klopfte nun das Schicksal an die Tür und bescherte mir zu all meinem Glück noch die passende Lebenspartnerin. Nur – sie wohnte in München, 600 Kilometer entfernt. Und dort wollte sie auch unbedingt bleiben. Also, was würdest du tun?

Am Ende der Komfortzone beginnt das Leben. Ich folgte tatsächlich meinem Herzen und zog nach München. Ich verließ meine Geburtsstadt und alles, was ich mir aufgebaut hatte, da ich damals, mit genau vierzig Jahren, das sichere Gefühl hatte: Es ist richtig. Es ist an der Zeit. Ich gründete mit meiner Frau eine neue Familie und fand meine neue Heimat.

Heimat ist da, wo du dich zu Hause fühlst.

Um in meinem Zuhause endlich ankommen zu dürfen, mit Familie, Ehefrau und allem Drum und Dran, bin ich damals dem Ruf meines Herzen gefolgt. Für mich war das der größte Schritt in meinem Leben. Um meinem Gefühl in diesem Ausmaß vertrauen zu können, bin ich zunächst viele kleine Schritte der Intuition und der Selbstliebe gegangen. Sonst wäre mir dies sicher nicht möglich gewesen. Einige der wichtigsten Übungen dazu stelle ich dir hier vor.

Übung 12
Deinen Impulsen folgen

Um mehr Vertrauen in deine eigene Intuition zu erhalten, übe doch einmal spielerisch damit. Jeder noch so lange Weg beginnt mit dem ersten kleinen Schritt. Übe sie in kleinen Dosierungen. Schärfe deinen Instinkt, indem du ihm in nächster Zeit das Zepter in die Hand gibst. Frage dich immer wieder: Was sollte ich jetzt, in diesem Moment, ganz spontan als Nächstes tun? Wen würde ich gern anrufen? Was würde ich am liebsten essen? Was ist mein nächster Impuls? Am besten gelingt diese Übung ohne großes Nachdenken. Vielleicht sagt dir deine Intuition in der Arbeit, geh doch mal den Kollegen der anderen Abteilung besuchen. Frag den neuen Mitarbeiter, ob er einen Kaffee mit dir trinkt. Oder, wenn du daheim bist, spiel eine Weile mit deinen Kindern, geh ein Stück spazieren oder rede ein wenig mit der Nachbarin. Gib deiner Intuition die Gelegenheit, sich ausprobieren zu dürfen!

Helga, eine Seminarteilnehmerin, erzählte mir, dass sie gerade diese Übung als Jungbrunnen empfindet. Sie hat sehr gute Erfahrungen damit gemacht, mindestens einmal am Tag aus dem gewohnten Trott auszubrechen, indem sie der Stimme ihrer Intuition vertraut. Dann folgt sie ihrem Gefühl in der Mittagspause in ein neues Lokal oder spricht einfach wildfremde Menschen an. Sie wählt diesmal einen anderen Weg, um eine Freundin zu besuchen, oder kocht sich am Wochenende eine ihr bisher unbekannte asiatische Reispfanne. Sie meint, ihr Leben sei viel bunter und reicher geworden, seit sie ihrer Intuition folgt.

Wenn du dich auf diese Weise das erste Mal deiner Intuition

näherst, wartet aller Erfahrung nach aber ein besonderer Fallstrick auf dich. Dein Verstand wird sich skeptisch zu Wort melden und dir immer wieder einflüstern: Ist das auch richtig? Das kann doch gar nicht richtig sein! Wie kannst du nur deinem Instinkt vertrauen! Denn natürlich gefällt es unserem klugen Kopf gar nicht, plötzlich in die zweite Reihe verbannt zu werden. Und deshalb verlässt dich trotz allen guten Willens schon bald der Mut. Wie kann man dieses Dilemma auflösen? Mein Tipp in solchen Augenblicken ist: Achte auf scheinbare Zufälle! Sieh sie als himmlische Hinweise.

Um dies zu erklären, gehen wir einmal zurück zu dem Augenblick, als ich Bärbel das erste Mal in meine Arme schloss. Es war ein Wink des Schicksals, dass zeitgleich drei ähnliche Dinge passierten: Es war ein Seminar zum Thema Herzenssprache, wir machten als Paar die Übung der Herzumarmung, und ich spürte dabei unmissverständlich mein Herz, das mir sagte, diese Frau ist die Richtige für dich. Drei Mal stand somit die Verbundenheit über das Herz im Mittelpunkt. Zufall, könnte der skeptische Verstand nun einwenden.

Seit ich den Weg des Herzens gehe und meiner Intuition vertraue, geschehen solche Zufälle jedoch häufiger. Manchmal warte ich regelrecht auf sie. Neugierig geworden, forschte ich ein wenig zu diesem Thema herum. (Mein naturwissenschaftliches Studium ist schließlich doch noch zu etwas gut gewesen!) Als einen der wenigen, die sich mutig mit diesem Thema befasst haben, fand ich den Psychoanalytiker C. G. Jung. Er gab den scheinbaren Zufällen einen eigenen Begriff und nannte sie Synchronizitäten, einfach aus der Tatsache heraus, dass Zufälle oft synchron, also zeitgleich stattfinden. Seiner Meinung nach traten solche Phänomene gehäuft bei denjenigen seiner Patienten auf, die besonders bereit dazu waren, an sich zu arbeiten und innerlich zu wachsen. Sie entdeckten dabei ihre Besonderheit und Individualität, weshalb Jung seine gesamte psychoanalytische Arbeit mit ihnen als »Individuationsprozess« bezeichnet hat.

Weil ich mich liebe,
bin ich bereit zu wachsen.

Ein besonderes Augenmerk legte Jung dabei auf die Träume der Menschen. Er untersuchte sehr intensiv ihre Symbolik und entdeckte: Alle Kulturen der Menschheit auf allen Kontinenten verwenden im Traum dieselben Symbole. Daraufhin begann er, diese Symbole zu deuten, da nach seiner Meinung unsere Seele auf diese Weise in der Nacht mit uns Kontakt aufnimmt. Immer wieder kam es vor, dass Patienten Geschehnisse oder Dinge im Traum sahen, die dann in den nächsten Tagen in ihrem Leben tatsächlich stattfanden. Solche »Déjà vu«-Erfahrungen haben sicher die meisten von uns schon gemacht.

Seither freue ich mich jedes Mal wie ein Schneekönig, wenn es in meinem Leben zu Synchronizitäten kommt. C. G. Jung zufolge sind sie ein untrügliches Zeichen dafür, dass man sich gerade in die richtige Richtung entwickelt, ob ich dies nun als Individuationsprozess oder als Herzensweg bezeichne. Auf eine unerklärliche, mystische Weise ist unsere sichtbare Alltagswelt mit der unsichtbaren Welt der Intuition und der Träume verknüpft. Durch diese scheinbaren Zufälligkeiten signalisiert mir mein Schicksal: »Gut so! Mach weiter so!« Und klopft mir so auf die Schulter.

Zufälle zeigen mir:
Ich bin auf dem richtigen Weg.

Um ein Beispiel zu geben: Eben habe ich ein Ferienseminar zur Selbstliebe im Schwarzwald gegeben und dort über diese Deutung von Zufällen gesprochen. Danach ging ich auf die Bedeutung von Zahlen ein und besprach die Lebenszahlen der einzelnen Teilnehmer. Für einen Teilnehmer namens Günther errechnete sich dabei die Lebenszahl 30. Erstaunt meldete er sich und sagte, seine Zimmernummer im Tagungshotel sei die 30. Einen Tag später kaufte er bei mir Bücher, die er verschenken wollte. Der Preis: 30 Euro. Wir mussten beide schmunzeln.

Ganz sicher führt uns die Liebe zu uns selbst in eine Richtung, in der wir wachsen und mehr wir selbst sein können. Wenn du einmal unsicher bist, ob du den richtigen Weg eingeschlagen hast, achte auf die Zufälle, die in deinem Leben stattfinden.

Übung 13
Zufälle wertschätzen

Beobachte in den nächsten Tagen, wo kleinere oder größere Zufälle geschehen. Freu dich, wenn du im Supermarkt an der Kasse den Betrag 22,22 Euro aufleuchten siehst. Oder wenn du in der Nacht wach wirst und der Wecker gerade 4:44 Uhr anzeigt. Sammle diese kleine Begebenheiten, als wären es Geschenke. Aber mehr noch: Zufälle können auch einen direkten Hinweis enthalten. Zum Beispiel, wenn dir von drei verschiedenen Menschen dasselbe Buch empfohlen wird, ohne dass du danach gefragt hast. Schau doch mal hinein! Du triffst einen alten Freund irgendwo unverhofft auf der Straße? Nimm dir etwas Zeit und geh einen Kaffee mit ihm trinken. Sicher hat er einen Hinweis oder einen Tipp für dich, der dir nützlich sein könnte. Oder du denkst heute schon zum dritten Mal an eine gute Freundin? Ruf sie doch einfach an. Sprich mit ihr, frag sie, wie es ihr geht. Vielleicht braucht sie deine Hilfe, vielleicht bekommst du einen Input von ihr, der dir in deinem Leben weiterhelfen kann. Denk auch daran, dich zu bedanken. Danke, liebes Schicksal, dass du mir geholfen hast. Danke für diesen Hinweis.

Wenn wir beginnen, uns immer mehr zu lieben, entdecken wir uns neu. Unsere Intuition ist ein unabdingbares Hilfsmittel dabei. Diese stillen Hinweise unseres Herzens bringen uns Stück für Stück uns selbst näher. Wir wachsen in den Menschen hinein, der wir wirklich sind.

Weil ich mich liebe,
gehe ich meinen eigenen Weg.

Notwendigerweise ist damit verbunden, nicht mehr in der großen Masse mitzulaufen. Wir tun und denken nicht mehr, wie es die meisten tun. Wir folgen stattdessen unserem intuitiven Gefühl und entdecken ganz selbstverständlich unsere Besonderheit. Jeder von uns ist auf eine bestimmte Weise einzigartig, ein Individuum. Genau darum hat Jung vom Prozess der Individuation gesprochen.

Weil ich mich liebe,
entdecke ich meine Einzigartigkeit.

Wenn ich mich immer mehr liebe, beginne ich deshalb, meinen eigenen Weg zu gehen. Meine Intuition führt mich dabei. Sie schenkt mir den Mut, mich aus der sicheren, wohlbekannten Herde abzusondern. Ich trete nicht mehr in die Fußstapfen anderer, sondern entdecke neue Pfade, die mich zu mir selbst führen.

Auf dieser Stufe der Selbstliebe bin ich allmählich stark genug, allein und ohne die Unterstützung anderer zu entscheiden. Ich vertraue mir und meiner Intuition. Ich habe gelernt, auch allein meinen Mann (und meine Frau) stehen zu können. Gute Freunde habe ich natürlich, und ich bin gern mit ihnen zusammen. Es besteht aber keine Abhängigkeit mehr zu ihnen.

Das Alte verspricht uns Sicherheit. Diese ist jedoch sehr trügerisch. Das Vertraute ist uns bekannt. Hier kennen wir uns aus. Wenn wir aber wachsen möchten, glücklicher leben und zufriedener sein wollen, braucht es regelmäßige Veränderungen. Jede Neuerung, die ich ablehne, bedeutet für mich selbst, ich möchte mich nicht verändern. Dazu fehlt mir der Mut. Doch meine wachsende Selbstliebe schenkt mir schließlich diesen Mut.

Weil ich mich liebe,
habe ich den Mut zum Neuanfang.

Ja, gewiss, es war ein großes Abenteuer für mich, als ich vor siebzehn Jahren nach München umzog. Alles war neu. Ich kannte niemanden außer meiner Frau und einigen ihrer Bekannten. Neue Stelle, neue Kollegen. Neue Wohnung, neue Nachbarn. Überall neue Menschen, die ich kennenlernte und zu denen ich neue Beziehungen aufbaute. Ich lernte dabei vor allem mich selbst neu kennen.

In Köln waren meine Beziehungen zu anderen festgelegt. Ich kannte die Menschen meiner Umwelt, meinen Chef, die Kollegen, die Freunde und Nachbarn. Nun, in München, war gerade zu Anfang jede Begegnung neu und besonders und schenkte auch mir die Möglichkeit, mich selbst neu und besonders zu zeigen. Ich entdeckte dabei ganz neu, welche Fähigkeiten und Möglichkeiten in mir steckten.

Weil ich mich liebe,
entdecke ich mich immer wieder aufs Neue.

Das größte Übungsfeld war dabei ganz sicher meine neue Familie. Es ist eine spezielle Herausforderung, Kinder in die Welt zu setzen. Ich glaube sagen zu dürfen, jeder Mann geht dabei durch seine persönliche Krise und fragt sich: Schaffe ich das? Kann ich die Familie ernähren? Bin ich fähig, die Last der Verantwortung für meine Kinder zu tragen? Werde ich ein guter Vater sein?

Selbstliebe zeigt sich in diesem Momenten daran, dass ich mir vertrauen kann, wenn mich solche Sorgen plagen. Jeder von uns kennt solche Momente, sie gehören unweigerlich zu Neuanfängen dazu. Für mich brachte der Umzug nach München auch das Gefühl, nun wirklich reif und erwachsen zu werden. Ich gründete einen eigenen, neuen Zweig der Familie. Ließ meine Eltern und Freunde zurück, die mich dabei unterstützen konnten, denn mein Herz sagte mir ganz deutlich: Ich schaffe das jetzt allein!

Was ist Erleuchtung?

Eines Tages begab es sich, dass Nasruddin einen Basar besuchte. Da er wegen seiner Geschichten schon sehr bekannt war, folgten ihm eine Menge Menschen. Was er auch tat, sie machten es ihm nach. Blickte er hierhin, folgten sie seinem Blick. Rief er vor Erstaunen laut aus, dann taten sie es ihm gleich. Kratzte er sich am Bein, dann kratzten sie sich dort ebenfalls, an derselben Stelle.

Ein Händler, der dieses Treiben eine Zeit beobachtete, fragte daraufhin Nasruddin: »Was machst du da? Und warum tun alle diese Menschen es dir gleich?« Nasruddin meinte lakonisch: »Ich bin ein Guru geworden und alle diese Menschen sind meine Schüler. Ich bringe sie auf den Weg der Erleuchtung.« Der Händler war erstaunt über diese Antwort und fragte weiter: »Und woran merkst du, dass sie ihr Ziel erreicht haben?« Nasruddin entgegnete: »Das ist sehr einfach. An jedem neuen Morgen zähle ich die Schar derer, die mir folgen. Die gegangen sind, haben es zur Erleuchtung gebracht.«

Diese Geschichte zeigt: Wenn ich mich selbst zu lieben beginne, verlasse ich die ausgetretenen Pfade. Ich bin bereit, mein Leben selbst in die Hand zu nehmen. Dann trenne ich mich sogar von einem für mich bisher wichtigen Lehrer, da er mir nicht mehr entspricht.

Der Lehrer in der kleinen Geschichte auf dem Basar ist aber nur ein Bild für viele Menschen in meinem Leben, die für mich bisher wichtig waren. Die für mich Verantwortung übernommen haben. Da ist der Hausarzt, der schon seit meiner Geburt für meine Gesundheit gesorgt hat. Wenn ich mich immer mehr liebe, kann mein Gefühl mir zeigen: Ich möchte jetzt einen neuen Arzt finden, der mir und meinen heutigen Bedürfnissen besser entspricht. Da ist der Anlageberater bei meiner Bank, den ich durch einen ersetze, mit dem ich mich wohler fühle. Da ist der Steuerberater, der Fitnesstrainer, der Coach oder der Chef. Mit steigender Selbstliebe stelle ich sie alle auf den Prüfstand meiner Intuition und frage mich: Entspricht mir dieser »Lehrer« noch?

Übung 14
Die intuitive TÜV-Plakette

So wie dein Auto alle zwei Jahre zum TÜV muss, stell einmal alle wichtigen Menschen, denen du vertraust, auf den Prüfstand. Ähnlich wie bei der regelmäßigen Inspektion deines Autos erlaube dir eine kleine Überprüfung. Wer hat die Rolle eines »Lehrers« in weitestem Sinne für dich? Entspricht dein Hausarzt noch deiner Selbstliebe? Vielleicht hast du von Bekannten von einem anderen gehört, den du einmal ausprobieren möchtest. Wie zufrieden bist du mit deiner Autowerkstatt, wie gut fühlst du dich mit deiner Krankenversicherung? Schau dir all deine Berater mit dem Herzen an. Welche tun dir gut, welchen gegenüber wirst du langsam skeptisch? Vertraue auch hier deiner Intuition und probiere einmal etwas Neues aus!

Sicher merkst du bei dieser Übung, wie sich innerer Widerstand regt. Du denkst: Warum soll ich das denn machen? Das ist viel Arbeit! Und es dauert, bis du dich mit dem neuen Berater auskennst und das Zusammenwirken reibungslos läuft. Aus Bequemlichkeit bleiben wir beim Alten, selbst wenn wir unzufrieden damit sind. Steigende Selbstliebe schenkt uns aber die Energie, hier nach Neuem zu suchen. Wir sind uns selbst so wichtig geworden, dass wir die Kraft aufbringen, die für die Veränderung nötig ist.

Um hier Missverständnissen vorzubeugen: Es geht bei dieser Überprüfung sicher nicht darum, auf Teufel komm raus alle guten und schon lange funktionierenden Beziehungen abzubrechen. Nur, um etwas Neues zu tun. Nein, ganz im Gegenteil. Wenn mein Herz mir sagt, dieser Mensch ist mir als Berater weiterhin lieb und teuer, dann sollte ich selbstverständlich bei ihm verbleiben. Diese Übung ist eher als Hinweis gedacht, einmal dort nach neuen Wegen zu suchen, wo ich schon lange unzufrieden bin. Vielleicht merke ich bei der Suche und beim Ausprobieren, der alte Berater oder Dienstleister ist doch besser. Und dann bleibe ich letztlich viel zufriedener schließlich doch bei ihm!

Weil ich mich liebe, bin ich bereit,
mir gute Berater zu suchen.

An dieser Stelle möchte ich gern auf einen wichtigen Unterschied hinweisen. Wenn ich meinen Arzt oder Berater mit dem Verstand auswähle, dann schaue ich in meine Umwelt und vergleiche. Dieser Arzt ist so, der andere anders. Ich schaue, meine Nachbarin hat einen neuen Zahnarzt und der soll gut sein. Also gehe ich da jetzt mal hin. Mein Gefühl und meine Intuition bringen mich jedoch darüber hinaus. Mit ihrer Hilfe finde ich Berater, die bisher niemand kennt. Die mir niemand empfohlen hat. Meine Intuition ersetzt dann nach und nach die Tipps, die mir andere geben. Ich bilde mir meine eigene, unabhängige Meinung.

Weil ich mich liebe,
werde ich unabhängiger von der Meinung anderer.

Die Vögel im Park

Mitten in einer großen Stadt liegt ein Park. Eine Elster fliegt hinein und setzt sich an einen Teich, an dem man Boote mieten kann. Ein Schwan zieht auf dem Wasser majestätisch seine Bahnen. Die Elster denkt: »Oh, was für ein wunderschöner Vogel, wie hell und weiß sein Gefieder ist! Wie gern wäre ich auch so weiß. Ich habe nur meine schwarzen Federn.«

Der Schwan merkt von alledem nichts und schwimmt zu einer Volliere, in der verschiedene Vögel ausgestellt sind. Ganz nah am Ufer sieht er einen Kakadu. Er denkt: »Was für ein wunderschöner Vogel! So bunt und schillernd ist sein Gefieder. Es leuchtet wie ein Regenbogen. Wie gern wäre ich auch so schön bunt. Ich habe nur meine eintönig immer gleichen weißen Federn.«

Der Kakadu hat keine Augen für den Schwan. Ihn beschäftigt viel mehr sein Nachbar, der in der Voliere gleich nebenan lebt. Es ist ein Pfau. Eifersüchtig äugt der Kakadu immer wieder heimlich hinüber. Er denkt: »Was für ein wunderschöner Vogel. Wie prachtvoll er stolziert! Wie spektakulär er sein Rad der Feder spreizt! Wie gerne würde ich das auch können. Ich habe nur so kurze Schwanzfedern!«

Der Pfau jedoch schaut sehnsüchtig nach der Elster. Eben erst ist sie aufgeflogen und hat sich oben auf seinen Käfig gesetzt. Der Pfau denkt: »Was für ein wunderschöner Vogel! Wie fantastisch es sein muss, so grenzenlos frei zu sein. Wie gern möchte ich so fliegen können. Ich sitze hier in meinem Käfig und kann nicht hinaus.«

Hast du dich in der Geschichte wiedererkannt? Wir alle machen es häufig wie diese Vögel. Dann sehen wir, was andere besser können, und vergleichen uns mit ihnen. Dann werden wir traurig und unglücklich. Denn es wird immer etwas geben, was andere besser können.

Übung 15
Wo vergleiche ich mich?

Selbsterkenntnis ist der erste Schritt zur Besserung. Darum schreib dir doch bitte einmal auf einen Zettel, was du an anderen Menschen bewunderst. Wer ist deiner Meinung nach klüger, besser, hübscher, charmanter? Meine Kinder sind jetzt fünfzehn Jahre alt. Bei ihnen sind die Kriterien sicher anders als bei dir. Für sie ist vielleicht wichtig, wer in der Schule bessere Noten bekommt, schneller laufen kann oder trendigere Klamotten hat. Was sind deine Kriterien? Welche Eigenschaften findest du toll an anderen? Mach es einen Moment lang wie die Vögel im Park. Schau in deine Umgebung und ertappe dich dabei, wofür du andere Menschen bewunderst.

Das ist der springende Punkt bei dieser Übung. Der Verstand vergleicht dich anhand seiner Kriterien und legt den Fokus darauf, was du nicht kannst und wie du nicht bist. Das erzeugt ständig Freudlosigkeit und Neid in dir, da es den anderen besser macht und du selbst schlecht dabei abschneidest. Der ganze Vergleich erinnert mich aber an das Glas, das ich als halb voll oder halb leer betrachten kann. Es ist alles eine Frage der Sichtweise. Hier geht es darum, ob ich mit den

Augen des Verstandes schaue, was ich ja normalerweise immer tue, oder ob ich die Augen meines Herzens weiterentwickle.

Aus dem Blickwinkel des Verstandes ist der andere größer, hübscher, reicher. Gehe ich aber in mein Herz und öffne mich dem Gefühl, dann falle ich aus dem ständigen Vergleichen heraus in eine ganz andere Welt. Hier bewundere ich den anderen für seine Einzigartigkeit. Wie schön dieser Mensch doch ist. Wie toll, dass er meine Umwelt bereichert. Wie wunderbar, solch einen Menschen zu kennen!

Weil ich mich liebe,
höre ich auf, mich zu vergleichen.

Geh deshalb noch einmal zurück zur Übung 15 und schau dir an, was du aufgeschrieben hast. Sei ehrlich zu dir selbst und spüre, wo du auf andere eher neidisch bist. Dann dreh die Sichtweise um. Was ist das Gute daran? Wofür kannst du den anderen bewundern, anstatt neidisch auf ihn zu sein? Je mehr es dir gelingt, die Neidfalle zu erkennen und zu überwinden, desto mehr näherst du dich deiner Fähigkeit an, mit den Augen des Herzens zu sehen.

Weil ich mich liebe, beginne ich,
andere für ihre Einzigartigkeit zu bewundern.

Eben diese Erfahrung habe ich bei dem Ferienseminar über Selbstliebe gemacht, das ich seit einiger Zeit im Schwarzwald anbiete. Es geht über fast eine Woche, und die Teilnehmer entwickeln dabei jeden Tag ein wenig mehr die Augen ihres Herzens. Am Anfang der Woche gibt es zwischen den Menschen noch eine gewisse Reibung. Viele kennen sich noch nicht und sind unsicher. Jeder Mensch ist nun einmal anders, und diese Andersartigkeit ist dann Grund genug für den Verstand, dass wir uns darüber ärgern und aufregen. Wir reiben uns aneinander, da wir denken, grundlegend verschieden zu sein.

Je mehr man urteilt, desto weniger liebt man.
– Nicolas Chamfort

Wenn wir uns dann aber jeden Tag ein wenig mehr mit dem Herzen verbinden, tritt unser Gefühl langsam, aber sicher in den Mittelpunkt. Der Verstand wird immer unwichtiger, und die Herzensaugen unserer Intuition öffnen sich. Wir reiben uns weniger an der Andersartigkeit der anderen, sondern schauen dahinter. Plötzlich bewundern wir die anderen Menschen für das, was besonders an ihnen ist. Wir erblicken sie in ihrer Einzigartigkeit. Die Trennung, die der Verstand durch seine Urteile betreibt, wird durch die Hinwendung zum Gefühl und zur Liebe im Herzen aufgehoben und überwunden. So verschieden sind wir Menschen plötzlich gar nicht mehr. Die Liebe schenkt uns eine andere Wahrnehmung, und wir fühlen uns zunehmend miteinander verbunden. Am Ende des Seminares kann jeder Teilnehmer zu einem anderen sagen: »Toll, dass du dabei gewesen bist. Du warst eine echte Bereicherung. Hoffentlich sehen wir uns bald einmal wieder.«

Verstand trennt –
Liebe verbindet

Wolfgang, einer der Teilnehmer im Schwarzwald, nahm aus einem eher ungewöhnlichen Grund am Selbstliebeseminar teil. Seine Frau besuchte zeitgleich einen parallel stattfindenden Kurs, der ihn rein gar nicht interessierte. Da er aber gern mit ihr diese Woche gemeinsam verbringen wollte, meldete er sich einfach bei mir an. So konnten sie immerhin zusammen essen und das Zimmer teilen. Darum wusste Wolfgang wirklich nichts von dem, was ihn im Seminar erwartete. Er äußerte seine Zweifel auch mehrmals, und es dauerte, bis er mit der Gruppe warm wurde. Der entscheidende Moment für ihn war, als er am geselligen Abend am Lagerfeuer sein Akkordeon mitbrachte. Gemeinsam sangen wir fröhlich bis in den späten Abend hinein zu seiner Begleitung. Das also war seine Besonderheit und seine Art, die Gruppe zu bereichern. Nun fühlte er sich zugehörig und versprach am Ende: Das nächste Mal bin ich sicher wieder mit dabei!

Meine Intuition schenkt mir eine eigene Sicht der Dinge. Wenn ich mein Herz öffne und immer mehr in die Selbstliebe finde, blicke ich in eine neue, veränderte Welt. Dabei ist da draußen alles gleich geblieben, nur ich habe mich verwandelt. Ich vertraue meiner Intuition immer mehr. Und mit ihrer Hilfe bilde ich mir meine eigene Meinung.

Weil ich mich liebe,
entdecke ich meine eigene Wahrheit.

Bekanntlich haben die verschiedenen Menschen durchaus unterschiedliche Meinungen. Wenn ich nun meine eigene Wahrheit entdecke, dann ist es nur wahrscheinlich, dass es viele Menschen geben wird, die, so wie Wolfgang, anderer Meinung sind als ich. Manchmal sogar sehr. Sie widersprechen mir, wollen mich überzeugen. Sie prüfen mich und meine Intuition, ob ich auch wirklich dahinter stehe. Bleibe ich jedoch fest und bei meiner Meinung, kann es geschehen, dass mich manche sogar für verrückt erklären.

Der Bauer und der Esel

Ein Bauer kam auf den Hof von Nasruddin, der mittlerweile für seine verschrobene Art in ganz Persien berühmt war. Der Bauer fragte ihn, ob er wohl seinen Esel für einen Tag ausleihen könne, denn er wollte eine schwere Last zum Markt bringen. Nasruddin entgegnete: »Mein lieber Freund, wie gern würde ich dir meinen Esel leihen, aber leider, ich habe ihn bereits an jemanden anderen vergeben. Das tut mir wirklich leid. Gern beim nächsten Mal.« Der Bauer bedankte sich für die freundlichen Worte und wandte sich zum Gehen. Da hörte er aus dem Stall ein lautes »I-Aahh!«. Der Bauer drehte sich um und stellte Nasruddin zur Rede: »Was ist denn das? Hattest du mir nicht gesagt, dein Esel sei fort?« Da wurde Nasruddin rot vor Zorn und schrie: »Wie bist du doch undankbar! Ich habe dir gesagt, mein Esel ist nicht hier. Wem glaubst du nun mehr, mir, dem Weisen, oder dem Geschrei eines dummen Esels?«

Hier kann ich ein eigenes Erlebnis einflechten. Ich war damals Anfang dreißig und fühlte mich trotz meiner Jugend gesundheitlich selten wirklich auf der Höhe. Meist war ich müde und schlapp. Ich ging der Sache nach (ich suchte mir einen neuen Lehrer) und fand einen Arzt, der sich gut in Elektroakupunktur auskannte. Er entdeckte, dass mein Körper durch Quecksilber geradezu verseucht war. Es ging dabei nur um einen einzigen Zahn, bei dem Jahre zuvor eine Wurzelfüllung mit Amalgam gemacht worden war. Um diese Belastung abzustellen, bekam ich die dringende Empfehlung, die Füllung zu entfernen. Das bedeutete im Klartext: Der Zahn musste raus. Ich wusste schon, was mich bei meinem Zahnarzt erwartete. Natürlich sträubte er sich, aus seiner naturwissenschaftlichen

Sicht war das Quatsch. Seiner Ansicht nach wollte ich mir einen »gesunden« Zahn ziehen lassen. Nun, ich ertrug die Debatte, blieb aber bei meiner Meinung. Die Belohnung meiner Bemühungen waren ein viel besseres Lebensgrundgefühl und eine wiederhergestellte Gesundheit. Ich suchte mir dann bald einen anderen Arzt.

Sei also gewappnet. Wenn du den Weg zu mehr Selbstliebe gehst, wird dein Vertrauen in dich und deine Intuition immer wieder herausgefordert. Du suchst dir dann einen neuen Arzt oder allgemeiner neue »Lehrer«, da dein alter Berater eine andere Meinung vertritt. Gerade bei Ärzten ist dies eine große Herausforderung, da sie so stark in ihrer Meinung sind.

Weil ich mich liebe, vertraue ich mir.

Selbstvertrauen ist eine sehr treffende Umschreibung für Selbstliebe. Da gibt es einen Arzt, der mich schon viele Jahre begleitet und dem ich meine Gesundheit anvertraut habe. Nun wächst mein Selbstvertrauen, und er passt nicht mehr zu mir. Ich danke ihm für seine treuen Dienste. Doch nun folge ich meinem Herzen und ziehe weiter. Ich bin über ihn hinausgewachsen.

Und das bringt uns nun zur Königsdisziplin, was das Vertrauen in meine Intuition angeht. Es gibt in vielen Bereichen Berater, denen ich mein Vertrauen schenken kann. In manchen Situationen bin ich jedoch weitgehend auf mich allein gestellt. Hier bilde ich mir eine eigene Meinung, ohne den Berater hinzuzuziehen, und entscheide selbst. Das betrifft kleine wie größere Dinge des täglichen Lebens:

- Was erlaube ich meinen Kindern und was verbiete ich?
- Wie richte ich meine Wohnung ein?

- Wohin fahre ich in Urlaub?
- Ziehe ich um in eine andere Stadt?
- Heirate ich diesen Partner?
- Setze ich Kinder in die Welt?

Hier ist meine Intuition jeden Tag aufs Neue gefordert. Es gibt viele Bereiche, wo ich selbst die oberste Instanz bin, wo meine gestiegene Selbstliebe mich dazu ermuntert, mein eigener Lehrer oder Berater zu werden. Ganz vorn mit dabei sind hier die Erziehung meiner Kinder, der Umgang mit meiner Familie und mein Verhalten im Beruf. Immer wieder bin ich gefordert, schnelle Entscheidungen zu treffen. Jedes Mal kann ich hier meinem Instinkt folgen und meinem Herzen vertrauen.

Weil ich mich liebe, treffe ich eigene,
selbstverantwortliche Entscheidungen.

Die letzte Übung dieses Kapitels soll dir dabei helfen. Wie kann ich auf einfache Weise meine Intuition anzapfen, wenn es um eine Entscheidung in meinem Leben geht? Ich frage mich dann: Was ist der nächste Schritt, der ansteht?

Übung 16
Dein nächster Schritt

Immer, wenn du dich gedanklich mit einer Entscheidung herumplagen musst, nutze doch einfach die Hinweise, die du im Traum geschenkt bekommst. Dazu brauchst du dich nicht mühsam mit Büchern über Traumdeutung zu beschäftigen. Leg dir vor dem Einschlafen einen Block und einen Stift bereit, damit du in der Nacht nicht lange suchen musst. Da wir in der Woche meist früh aufstehen und eher in Eile sind, wähle am besten das Wochenende für diese Praxis. Um in der Nacht mindestens einmal aufzuwachen, trink vor dem Einschlafen ein Glas Wasser. Schreib dir dann vor dem Einschlafen die Frage auf den Zettel, die dir deine Intuition beantworten soll. Wie soll ich mich entscheiden? Was ist mein nächster Schritt? Bist du dann eingeschlafen, wird sich irgendwann deine Blase melden. Du bist noch ganz schlaftrunken und siehst deinen Zettel. Schreib dir dann rasch einige Worte auf, die dir jetzt noch halb im Traummodus zu dieser Frage einfallen. Geh erst dann zur Toilette.

Am nächsten Morgen kannst du dir anschauen, was du aus dem Meer der Träume herausgefischt hast. Ganz oft bekommst du dabei neue Ideen geschenkt. Wenn du mit dieser Technik ein wenig geübt hast, kannst du auf das Wassertrinken verzichten und einfach alles aufschreiben, wenn der Wecker am Morgen klingelt oder wenn du einfach ganz normal wach wirst. Der Morgen hat eine ganz eigene Magie. Der frühe Vogel fängt den Wurm!

Diese Morgenübung dient mir schon lange als ein guter Quell der Inspiration. Ich werde wach, döse noch etwas und denke an nichts. Plötzlich findet mich ein Gedanke, irgendwoher.

Ich schreibe ihn auf, und weitere folgen. Und schon finden Gedanken und Bilder zusammen und es entsteht eine Idee, die dann vielleicht ein kleiner Text werden möchte. Schnell stehe ich dann auf und gehe sofort zu meinem Computer. Solche guten Ideen kommen schnell, verschwinden aber gern sofort wieder dorthin, woher sie gekommen sind. Wenn ich mich noch einmal im Bett umdrehe und denke, das behalte ich doch ganz bestimmt, ist die Inspiration schon wieder verflogen. Intuition ist wie ein scheues Reh. Wir müssen sie ganz vorsichtig und achtsam behandeln.

Weil ich mich liebe, vertraue ich meiner Intuition

Selbstliebe zeigt sich daran, wie sehr ich mir und meiner Intuition vertraue. Wenn ich mich liebe, habe ich den Mut, in positiver Weise den Verstand zu verlieren. Ich finde dabei immer mehr ins Herz und folge der inneren Stimme meiner Intuition. Mein Herz zeigt mir, wie ich mich fühle, und hilft mir dabei, eigene Entscheidungen zu treffen. Die Liebe schenkt mir den Mut, neue Wege einzuschlagen. Ich weiche dabei immer mehr von anderen ab und laufe nicht mehr in der Herde mit. Meine Gefühle sind einzigartig, und wenn ich meiner Intuition folge, wird auch mein Weg ein eigener. Ich entwickle eine eigene Meinung und finde meine eigene Wahrheit.

Der vierte Schritt zur Selbstliebe:

Schutz

*Weil ich mich liebe,
schütze ich mich und
wahre meine Grenzen*

Die Ehe ist und bleibt
die größte Entdeckungsreise,
die der Mensch unternehmen kann.
– Sören Kierkegaard

Das Paar Sandalen

Ein Bekannter sah Nasruddin auf der Straße auf sich zukommen. Schon von Weitem konnte er sehen, dass etwas nicht stimmte. Nasruddins Gang war schleppend und zögernd, und immer wieder blieb er stehen, um sich auszuruhen. Als er Nasruddin endlich erreichte, fragte er ihn sogleich: »Mein Bester, was ist nur los mit dir?« Nasruddin entgegnete: »Ich habe solche Schmerzen in meinen Füßen!« Erstaunt blickte der Bekannte nach unten und betrachtete die Schuhe. Dann fragte er erstaunt: »Warum trägst du denn auch so enges Schuhwerk? Diese Sandalen sind doch viel zu klein!« Nasruddin antwortete fröhlich: »Aber weißt du, wenn ich dann am Abend endlich nach Hause komme und die Schuhe ausziehe, dann ist es immer so ein wundervolles Gefühl. Dafür lohnen sich die Strapazen des ganzen Tages.«

Der nun folgende vierte Schritt hin zur Selbstliebe ist meiner Erfahrung nach ganz besonders schwierig. Im Seminar stöhnen viele Teilnehmer auf, wenn er zur Sprache kommt. Denn es geht hier um eine weit verbreitete Verhaltensweise, die jeder von uns in der einen oder anderen Art von sich kennt: Wir sagen viel zu oft Ja, ohne lange darüber nachzudenken, und bereuen es dann später. Mit einer gesunden und gewachsenen Selbstliebe erlauben wir uns immer öfter, besser auf uns zu achten und auch einmal Nein zu sagen. Damit wahren wir unsere Grenzen und schützen uns und unsere Energie. Unsere gut entwickelte Intuition, die wir im vorigen Kapitel schulen und kennenlernen konnten, ist uns dabei eine sehr wertvolle Hilfe.

Stell dir dazu einfach eine ganz alltägliche Situation vor. Ein Kollege kommt am Freitag kurz vor Feierabend auf dich zu und fragt dich, ob du ihm morgen Vormittag helfen kannst, sein Wohnzimmer auszuräumen. Er möchte danach die Wände streichen und bittet dich um deine Unterstützung. Er ist sogar etwas in Not, da ein anderer Freund ihm gerade wegen Krankheit abgesagt hat. Was würdest du tun? In Vorfreude auf das Wochenende sagst du ihm wahrscheinlich ohne groß nachzudenken einfach zu. Die paar Stunden, so denkst du, wirst du sicher leicht erübrigen können.

Oft sagen wir vorschnell Ja,
ohne genauer darüber nachzudenken.

Doch schon auf dem Weg nach Hause kommen dir die ersten Bedenken. Dir fällt plötzlich ein, morgen wollte deine Mutter doch ein Gartenfest veranstalten und du hast ihr fest versprochen, am Vormittag die Tische und die Zelte aufzubauen. Dein Sohn muss zum Fußballspiel gefahren und wieder abgeholt werden. Dringend in den Baumarkt wolltest du auch noch, wegen der neuen Fliesen fürs Bad. Und plötzlich entsteht Stress. Und es geht dir ähnlich wie Nasruddin in obiger Erzählung. Du merkst, durch deine Zusage an deinen Kollegen hast du dir selbst das Leben schwergemacht. Du wirst dich ganz schön plagen müssen, um all deinen Verpflichtungen nachzukommen. Am Abend wirst schließlich auch du froh sein, die sinnbildlich viel zu engen Sandalen deiner vielen Aufgaben endlich losgeworden zu sein. War es das

wirklich wert? Im Nachhinein schimpfst du sicher auf dich,
weil du dir viel zu viel aufgebürdet hast.

Dies ist nur ein Beispiel unter vielen. Weil wir uns selbst noch
zu wenig lieben, achten wir zu wenig auf uns und schützen
uns zu wenig bei Bitten und Forderungen anderer. Da wir
Liebe missverstehen und denken, sie zuerst und vor allem anderen schenken zu müssen, geben wir außerdem anderen
Menschen häufig auch ungefragt mehr Zuwendung und
Energie, als uns selbst zur Verfügung steht. Das gilt vor allem
für diejenigen, die uns sehr nahestehen: Kinder, der Partner,
die Eltern oder engere Freunde. Hier fällt es uns ganz
besonders schwer, Nein zu sagen, um unsere Grenzen abzu-
stecken und uns zu schützen.

*Die Liebe zu uns selbst wird besonders
in unseren engsten Beziehungen herausgefordert.*

Blicken wir dann noch über den privaten Bereich hinaus, so
findet sich besonders im beruflichen Umfeld geradezu ein
Minenfeld an Gelegenheiten, bei denen wir mit großem
Unbehagen zu oft Ja sagen. Hier geht es um die beruflichen
Beziehungen zu Chefs und Kollegen. Für Erfolg, Reputation
und Anerkennung geben wir hier ebenfalls häufig zu viel, indem wir länger arbeiten oder komplizierte und langwierige
neue Aufgaben übernehmen.

*Oft steht die Liebe zu uns selbst im Schatten unseres
Karrierestrebens.*

Eine Freundin von mir, Christa, arbeitet neben ihrem Vierzig-
Stunden-Job schon seit Jahren ehrenamtlich in der Gemein-
deverwaltung. Viele Abende und Wochenenden opfert sie für

Sitzungen und Aufgaben, die sie hier übernommen hat. Nebenbei besucht sie häufig ihre Mutter, die pflegebedürftig ist. Ich sehe sie darum nur noch selten, und immer klagt sie am Telefon darüber, dass ihr Ehrenamt so viel Zeit und Kraft kostet. Bei jeder neuen Wahl lässt sie sich jedoch wieder überreden, dort für weitere fünf Jahre tätig zu bleiben.

Ein anderer Freund, Stefan, ist ein kluger Betriebswirtschaftler und arbeitet schon einige Zeit sehr erfolgreich in einer internationalen Unternehmensberatung. Obwohl er meist schon eine Sechzig-Stunden-Woche auf sich nimmt, lockte ihn eine interessante zusätzliche Aufgabe im Ausland an, zu der er einfach nicht Nein sagen konnte. Dafür nahm er weite Reisen und zusätzliche Arbeit am Wochenende in Kauf. Nach kurzer Zeit wurde die Belastung für ihn zu groß und er erkrankte.

Bei mir kam es nach der Geburt meiner Zwillinge zu dem Moment, an dem ich nicht mehr auf meine Grenzen achtete. Als Mutter oder Vater möchten wir natürlich für unseren Nachwuchs nur das Beste. Jeder, der selbst Kinder in die Welt gesetzt hat, wird dies bestätigen. Ich fütterte sie, wickelte sie, fuhr sie im Kinderwagen herum und passte in der Nacht auf sie auf. Am Morgen stand ich dann nach kurzem Schlaf auf und fuhr zur Arbeit. Meine neue Tätigkeit hatte ich ja gerade erst begonnen und war darum auch hier sehr gefordert.

Gerade in den ersten Monaten fordern uns Neugeborene sehr. Die Schwelle zur Überforderung ist da schnell erreicht. Weil ich dauerhaft zu wenig Schlaf bekam, fehlte es mir an allen Ecken und Enden an Energie. Ich machte meine Aufgaben nur noch lustlos und lebte auf Sparflamme.

Ich finde, gerade am Thema Kinder zeigt sich das große Dilemma beim Erlernen der Selbstliebe am deutlichsten. Der Tag dauert für jeden von uns genau vierundzwanzig Stunden. Meine Selbstliebe fragt mich, wie ich sie verbringen möchte. Ich habe jeden Tag nur eine bestimmte Menge an Kraft. Meine Selbstliebe fragt mich in jedem Moment, wofür ich sie einsetzen möchte. Wenn ich immer nur an andere denke, dann fehlt es mir schon bald an Zeit und Energie. Ich fühle mich leer. Meine Batterien sind dann aufgebraucht. Erinnerst du dich:

Ich kann nur so viel geben,
wie mir selbst zur Verfügung steht.

Und dies gilt für alle Bereiche, den privaten wie den beruflichen. Selbstliebe fordert mich dazu auf, meine mir zur Verfügung stehende Zeit und Energie zu schützen und zu bewahren. Selbstliebe macht mich auf meine Grenzen aufmerksam und lehrt mich, umzudenken. Denn wenn ich selbst keine Energie mehr für mich habe, kann ich auch meiner Umwelt beim besten Willen nichts mehr geben. Geht es dir manchmal auch so? Schauen wir doch einfach etwas genauer hin.

Übung 17

Wie verbringe ich meine Zeit?

Nutzen wir darum diese Übung einfach für einen kleinen Statusbericht. Geh doch bitte gedanklich in deinen Tagesablauf der kommenden Tage und mach eine Ist-Analyse. Zieh deinen Terminkalender dabei zu Rate, wenn du willst. Wie verbringst du deine Zeit? Oder mit anderen Worten: Wofür setzt du deine Energie ein? Betrachte dabei die Bereiche

Beruf, Partner, Kinder, Freunde, Eltern sowie Hobby und Freizeit. Schreib dir einfach mal alles auf.

Wenn du dir diesen Überblick verschafft hast, kommt der zweite Teil dieser Übung. Nun frage dich: Wo stiehlst du dir deine Zeit? Was raubt dir deine Energie? Welche Dinge hast du in letzter Zeit gemacht, die du lieber nicht getan hättest?

Manchmal geben wir zu viel. Manchmal geben wir mehr, als uns selbst in dem Moment zur Verfügung steht. Vermeintlich gute Gründe dafür basteln wir uns schnell zusammen. Ich wollte wohl der perfekte Vater meiner Kleinkinder und der ideale Mann für meine Frau sein. Vielleicht möchtest du ein guter Freund sein und hilfst anderen deshalb zu oft. Oder du arbeitest zu lange, damit deine Familie sich etwas leisten kann. Gründe finden sich schnell.

Selbstliebe schenkt uns die Erkenntnis: Hoppla, wir geben ja anderen mehr als uns selbst! Wir schränken uns damit selbst ein und haben das Gefühl, wie Nasruddin in viel zu kleinen Sandalen herumzulaufen. Die sich in uns entwickelnde Selbstliebe fordert uns heraus, ein klares »Stopp!« auszusprechen. Sie zeigt sich an diesem Punkt daran, dass wir den Mut entwickeln, endlich klare Grenzen zu setzen. Selbstliebe signalisiert uns zweifelsfrei: Hier müssen wir uns schützen. Oft ganz einfach vor uns selbst und unserer falsch verstandenen Definition von Liebe.

Es fällt uns nun mal viel leichter, immer zu allem und jedem Ja zu sagen. Jeder kann es, alle tun es fortwährend. Die Prüfung, die uns hier die Selbstliebe stellt, lautet: Sag endlich auch einmal Ja zu dir selbst.

Ganz oft zeigt sich ein Ja zu mir in einem Nein zu dir.

Das sollten wir doch gleich mal gemeinsam üben.

Übung 18
Deine Grenzen bewahren

Schau einmal auf die letzten Tage zurück. Wo hast du, offen oder versteckt, Ja gesagt, wo du auch hättest wagen können, Nein zu sagen? Wo hat ein Kollege dich in ein Gespräch verwickelt, in dem nur er geredet hat und du nicht zu Wort gekommen bist? Wo hast du bei einem Umzug geholfen, obwohl du dazu gar keine Lust hattest? Wann bist du zuletzt zu einer Einladung gegangen, obwohl du etwas anderes vorhattest, nur weil du nicht absagen wolltest? Geh gedanklich noch einmal zu diesen Momenten zurück. Was ist da geschehen? Wie hast du dich dabei gefühlt?

Ich bin sicher, dein Gefühl hat dir in solchen Momenten dazu geraten, besser auf dich aufzupassen. Aber du hast es überhört, hast Ausreden gefunden, um dann doch Ja zu sagen. Du hattest ein mulmiges Gefühl, als du daran dachtest, welche Konsequenzen es haben würde, wenn du deine Grenze wahren würdest. Oft sagen wir nicht Nein, da wir unser Gefühl zu wenig ernst nehmen.

> *Ganz oft sagt unser Gefühl Nein,*
> *unser Verstand aber Ja.*

Zu viel Ja zu sagen hat oft mit einer tief sitzenden Angst in uns zu tun. Wenn ich den langatmigen Kollegen unterbreche, ist er sicher böse auf mich und ich kann ihn dann nicht mehr um einen Gefallen bitten. Wenn ich dem Bekannten den Umzug abschlage, will er mich überhaupt nicht mehr sehen. Wenn ich diese Einladung absage, verliere ich den Kunden oder komme nie wieder auf diese Gästeliste. Und so weiter.

Oft sagen wir zu oft Ja
aus Angst vor negativen Konsequenzen.

Dabei ist das genaue Gegenteil der Fall. Bei meinen Kindern war die Person ihrer Kindheit, die ihnen am meisten klare Regeln beigebracht hat, ganz eindeutig meine Schwiegermutter. Wenn wir bei an Ostern oder Weihnachten bei ihr zu Besuch waren, gab es (und gibt es auch heute noch) viele klare Grenzen. Wasch dir die Hände vor dem Essen. Nein, fass das nicht an. Mach das nicht schmutzig. Und so weiter. Anfangs war ich mir sicher, meinen Kindern würde das gar nicht gefallen. Aber zu meiner größten Verwunderung liebten meine Kinder ihre Oma über alles! Sie tun es auch heute noch. Oma ist toll. Sie sagt einem genau, was sie will. Die Kinder respektieren und schätzen das. Und das ist es eigentlich, um was es hier geht: Respekt.

Durch den Mut, Grenzen zu setzen,
schaffe ich mir Respekt.

Es erinnert mich sehr an eine Gruppe von Hunden. Da meine Tochter Hunde sehr mag, haben wir immer wieder für ein paar Tage Hunde bei uns zu Gast, die wir für Freunde betreuen. Einmal (wir konnten wohl nicht Nein sagen, ich geb's zu) hatten wir sogar für kurze Zeit vier Hunde auf einen Schlag. Sie beschnüffelten sich, knurrten ein wenig, schnappten auch mal kurz, aber dann war alles klar. Sie fanden ihre Rangordnung, und dabei blieb es dann. Recht schnell ordnete sich die Gruppe, und dann war Ruhe im Karton. Interessanterweise war der kleinste Hund der Anführer. Es hat also nichts mit körperlicher Größe oder Kraft zu tun. Es kommt eher von innen.

In unserer Familie ist die Oma ebenfalls die kleinste und schwächste, rein körperlich gesehen. Und doch strahlt sie etwas aus, was Respekt einflößt. Ich könnte es Selbstbewusstsein nennen. Ein anderes Wort dafür ist: Selbstliebe.

Weil ich mich selbst liebe,
verschaffe ich mir Respekt.

Die Oma signalisiert meinen Kindern mit ihrem Verhalten: Ich hab keine Angst vor dir. In diesem Haus bin ich der Chef. Ich sage, was ich gern hätte und was zu tun ist. Meine Kinder merken das genau, fügen sich gern und finden das auch noch toll!

Offenbar brauchen Kinder Ordnung. Sie freuen sich sogar, feste Regeln vermittelt zu bekommen. Kinder brauchen hier und da ein Nein, sonst fühlen sie sich unsicher und suchen regelrecht nach Grenzen. Darum werden sie dann auffällig und schwierig. Es wäre darum ein Irrtum, Kindern alles zu erlauben und zu denken, das ist Liebe. Im Gegenteil, Liebe hat viel mit dem Mut zu tun, ihnen auch mal Nein zu sagen. Sie lernen dabei, sich in eine bestehende Ordnung einzufügen. Im späteren Leben kann ihnen dies sehr von Nutzen sein. Denn Strukturen gibt es überall. In der Schule, der Firma, im Verein wie in der gesamten Gesellschaft, in der wir leben.

Liebe sagt auch mal Nein.

Ich habe da viel von der Oma gelernt. Als meine Tochter vor ein paar Jahren einen Hund haben wollte, sagte ich schweren Herzens Nein. Wir sind viel zu oft auf Reisen und könnten ihn nicht immer mitnehmen. Außerdem hat sie nun einmal

Schule, das Gassigehen bliebe somit an mir hängen. Das wäre mir auf Dauer viel zu anstrengend. Als Kompromiss fand sich dann das erwähnte Hundesitten, was sich als ideale Lösung herausstellte. Wir haben immer wieder eine kleine Weile nette Hunde im Haus und viel Spaß mit ihnen. Und meine Tochter hat gemerkt, wie blöd sie es findet, jeden Tag mit dem Hund spazieren gehen zu müssen. Bei jedem Wetter, ob Sommer oder Winter.

Weil ich mich liebe,
wahre ich meine Grenzen.

Als Vater (oder Mutter) mache ich damit meinen Kindern ein großes Geschenk. Wenn ich meine Grenzen achte, gebe ich ihnen ein Vorbild, wie sie ihre eigenen Grenzen bewahren können. Sie lernen dabei von mir, wie sie selbst für sich sorgen und ihre Bedürfnisse fühlen und wahren können. Sie lernen also, später einmal in ihrem Umfeld selbst Grenzen zu setzen und sich so mehr Zeit und Energie zu verschaffen. Aber vor allem lernen sie Respekt. Und der fängt offenbar bei einem selbst an.

Weil ich mich liebe,
respektiere ich mich.

Ich kann nur an meine Kinder weitergeben, was mir selbst zur Verfügung steht. Wenn ich mich liebe, kann ich auch meine Kinder wirklich lieben. Und Nein sagen ist für mich ein wesentlicher Teil meines »pädagogischen Auftrages« als Elternteil. Liebe zeigt sich daran, dass ich manchmal Nein sage. Auch wenn das eine einsame Entscheidung ist.
Das Thema Einsamkeit hatten wir bereits im ersten Kapitel:

Weil ich mich liebe, kann ich gut allein sein. Hier sehen wir eine der logischen Konsequenzen daraus:

Weil ich mich liebe,
treffe ich manchmal Entscheidungen,
die anderen nicht gefallen.

Dann stehe ich mit meiner Entscheidung allein. Das muss ich aushalten. Als Chef einer Abteilung und als Oberhaupt einer Familie. Ich trage die Verantwortung für eine Gruppe Menschen und muss die beste Entscheidung für alle fällen. Auch wenn das manchen dann gar nicht gefällt.

Meine Tochter war sehr traurig, als ich entscheiden musste, trotz ihrer Bitte keinen Hund zu kaufen. In diesem Moment hätte sie mich auf den Mond schießen können. Sie war sauer und trotzig. Sie verhielt sich abweisend mir gegenüber, mit anderen Worten: Sie entzog mir ihre Liebe. Das kann offen passieren oder auch nur subtil. Liebe ich mich selbst nicht genug und bin darum auf die Liebe und Zuneigung meiner Tochter angewiesen, besteht eine Abhängigkeit von ihr. Ich traue mich nicht, sie zu verletzen, indem ich Nein sage. Ich sage dann viel zu oft Ja zu ihr, aber kaum Ja zu mir. So funktioniert das aber leider nicht. Man kann nicht dauernd »everybodys darling« sein.

Selbstliebe macht mich autark.
Ich werde unabhängiger von der Liebe anderer.

Ich finde, das ist für mich die beste Definition des Wortes »erwachsen«. Erwachsen bin ich, wenn ich gelernt habe, mir selbst genug zu sein und mir selbst Liebe zu schenken. Als Kind habe ich dafür meine Eltern gebraucht. Erst als ich selbst Vater wurde, konnte ich lernen, wie wichtig es für mich ist, Grenzen zu setzen und auf mich aufzupassen. Ich musste allein entscheiden, was für meine Familie das Beste ist. In vieler Hinsicht bin ich darum nicht mehr auf die Hilfe und den Beistand anderer angewiesen.

Selbstliebe schenkt mir ein erwachsenes Verhalten im Umgang mit anderen.

Übung 19
Ich sage jetzt öfter Ja zu mir

Das Schöne am Leben ist, man trifft sich immer zwei Mal. Darum ärgere dich nicht, wenn du bisher zu wenig deine Grenzen bewahren konntest. Sei dir gewiss, es wird neue Gelegenheiten geben, dich neu auszuprobieren. Gehen wir die Beispiele der letzten Übung 18 noch einmal durch. Es wird bald wieder ein Kollege zu dir kommen, um dich ohne Punkt und Komma zuzutexten. Nun probier dich einfach aus. Fall ihm ins Wort und sag: Moment einmal. Ich hab gleich einen Termin, muss schnell weg, hab noch was Dringendes zu tun oder etwas Ähnliches. Verschaff dir Raum, und sei es fürs Erste durch solche naheliegenden Ausreden. Wenn es dir schwerfällt, formuliere sie schon einmal vor, damit du sie im Bedarfsfall einfach abspulen kannst. Das ist der erste Schritt. Du bestimmst. Du verschaffst dir Respekt.

Im zweiten Beispiel – Hilfe für einen Bekannten – mach es

ähnlich. Verschaff dir Raum. Wenn ein Bekannter dich in Zukunft um etwas bittet, weich zunächst aus. »Da muss ich zuerst in meinen Terminkalender schauen. Ich überlege es mir und gebe dir bald Bescheid!« Geh raus aus dem Automatismus, Ja zu sagen. Das schenkt dir Zeit, wirklich von Herzen Ja sagen zu können. Oder eben Nein, wenn du das Gefühl hast, du möchtest eher nicht helfen. Dann hast du auch Zeit gewonnen, dir eine angemessene Antwort zu überlegen. Je nachdem eine Ausrede (da bin ich auf Reisen, geht leider nicht) oder ganz ehrlich, dass es dir einfach nicht passt. Je mehr du dich selbst liebst, desto weniger Ausreden musst du dir suchen. Im dritten Fall, bei der Einladung, die du angenommen hast, obwohl du schon etwas anderes vorhattest, kannst du ganz ähnlich verfahren.

Die Sache hat aber noch einen gewaltigen Haken. Du hast einen aktuellen Rang in deiner Gruppe, in deiner gesellschaftlichen Hackordnung, den du schon länger einnimmst. Diese Position kann durchaus unterschiedlich sein, je nachdem, ob du in deine Firma, Familie, deinen Freundeskreis oder deine Nachbarschaft schaust. Denn die Rollen, die du dort einnimmst, können verschieden sein. Jedenfalls kennt dich dein Umfeld sehr genau und sehr lange. Wenn du nun also beginnst, Grenzen zu setzen und dir Respekt zu verschaffen, werden die anderen das nicht so einfach hinnehmen. Sie knurren, schimpfen und probieren aus, wie ernst es dir damit ist. Denn wenn du kneifst und deinen Schwanz einziehst, können sie ihre Position behalten. Dann quasselt dich dein Kollege weiterhin zu.
Es ist wie in dem Bild der Schlange, die sich häutet. Dein Umfeld entspricht nicht mehr deiner inneren Größe. Der Respekt vor dir selbst ist gewachsen, deine größere Selbstliebe passt

nicht mehr in deine alte Haut. Du streifst sie ab. Und damit wird es Menschen geben, die dir einfach nicht mehr entsprechen. Manche zicken herum, mucken auf und machen dir Ärger. Es kommt mit Sicherheit dazu, dass du Menschen in deinem Umfeld verlierst. Es werden einige dabei sein, die du deine Freunde nennst.

Wenn ich mich verändere,
ändert sich auch mein Umfeld.

Erich Fried sagte einmal: Wer will, dass alles so bleibt, wie es ist, der will nicht, dass es bleibt. Denn Leben ist stetige Veränderung. Zum Leben gehört Wachstum. Gewiss, die alte Haut gibt uns Sicherheit, hier ist alles gut bekannt und vertraut. Nun streifen wir sie ab. Das Neue wartet schon auf uns. Und nur wer etwas loslässt, hat beide Hände frei. Wenn Menschen aus meinem Umfeld verschwinden, da ich mich verändert habe, kommen bald schon neue hinzu, die mir besser und mehr entsprechen.

Weil ich mich liebe,
bin ich bereit, zu wachsen.

Ein ganz unerwarteter Nebeneffekt bei meinem Umzug nach München hatte mit genau diesem Umstand zu tun. Ich tauchte in ein ganz neues Umfeld ein. Niemand kannte mich hier, und so konnte ich mich ganz neu definieren. Jeder neue Nachbar und jeder Kollege »schnüffelte« an mir wie ein Hund und versuchte herauszufinden, was ich denn wohl für einer bin. Jeder wusste bald, ich hatte den Mut bewiesen, in Köln alles zu verlassen, um in München neu anzufangen. Das allein gab mir einen Bonus und einen großen Teil Respekt.

Mir hat sehr dabei geholfen, Nein sagen zu lernen, dass ich schon seit meinem Studium alle paar Monate ein Diagramm mit meinen Freunden und Bekannten in mein Tagebuch male. Ich nenne es das »Soziogramm«, da es meine aktuellen sozialen Kontakte widerspiegelt. Es entstand vor dreißig Jahren, als meine Mitstudenten und ich aus einem Spaß heraus alle Beziehungen an unserem damaligen Lehrstuhl aufzeichneten. Wer hat einen guten Draht zum Professor? Wer kann besonders gut mit seiner Sekretärin, wer arbeitet als Assistent? Welche Studenten sind befreundet, liiert, kennen sich gut oder mögen sich überhaupt nicht? Jeder Name wurde aufgemalt und durch Striche, Herzchen oder Stacheldraht mit den anderen verbunden. Hast du Lust, so etwas auch einmal für dich zu zeichnen? Dann los!

Übung 20
Dein Soziogramm

Nimm dein Tagebuch oder einen Zettel und schreib deinen Namen in die Mitte. Nun denk an deine Freunde und Bekannten und zeichne sie um dich herum. Und zwar umso näher an dich heran, je näher dieser Mensch dir steht. Menschen, mit denen du weniger zu tun hast, kommen weiter an den Rand. Ergänzend hat sich bewährt, unter die Namen der Freunde einen Pfeil zu malen, der die Richtung angibt, ob er sich eher auf dich zu oder eher von dir weg bewegt. Mach diese Skizze alle paar Monate neu. Du wirst merken, über die Jahre betrachtet, ändert sich dein Umfeld, es kommen neue Freunde und neue Kollegen hinzu. Dafür verschwinden andere. Mach dir mithilfe dieser Skizze bewusst: Manche Menschen begleiten dich bereits dein ganzes Leben. Meine beste Freundin kenne ich nun bereits seit vierzig Jahren! Denk daran: Freunde sind Menschen, die uns sehr genau kennen und trotzdem zu uns stehen!

Es ist also ganz natürlich, dass sich mein Umfeld verändert. Da ich meinen Weg gehe und dabei wachse, werden Menschen zurückbleiben, die diesen Weg nicht mit mir teilen wollen. Die mit mir nicht mitgehen möchten. Das passiert ständig, da sich das Leben fortwährend erneuert. Manche Menschen, die mir besonders entsprechen, begleiten mich dafür mein ganzes Leben lang. Sie gehen meinen Weg mit und wachsen mit mir. Das sind die wirklich guten Freunde. Die meine Grenzen wahren und die selbst gelernt haben, Nein zu sagen.

Weil ich mich liebe,
habe ich gute Freunde.

Denn weil ich mich liebe, bin ich mir selbst zum besten Freund geworden. Und weil ich mich schätze, schütze ich mich. Ich schütze meinen Schatz an Energie und Zeit und damit meine Lebensfreude.

In diesem Zusammenhang möchte ich nun noch darauf zu sprechen kommen, wie wir unseren Freunden und engsten Beziehungspartnern unsere Liebe zeigen. Menschen, mit denen wir eng befreundet sind und die wir lieben, schätzen wir ganz besonders und zeigen ihnen darum auf vielerlei Weise unsere Zuneigung. Umgekehrt sind wir sicher gerade darum mit diesen Leuten befreundet, weil wir uns von ihnen besonders gut behandelt und wertgeschätzt fühlen. Weil wir uns mögen, zeigen wir uns gegenseitig unsere Liebe.

So einfach, wie dies auf den ersten Blick vielleicht erscheint, ist es jedoch nicht. Manchmal tun wir Dinge für den geliebten Menschen und Freund, von denen wir annehmen, er würde sie mögen. Und dabei liegen wir mit unserer Einschätzung weit daneben.

Höflichkeit am falschen Platz

Ein älteres Ehepaar feierte seine silberne Hochzeit und fuhr dazu noch einmal an den Ort der Hochzeitsreise. Wieder besuchten sie das altbekannte Hotel und flanierten durch die Stadt. Am nächsten Morgen, beim Frühstück, war der Gatte so vertieft in Erinnerungen an die gemeinsame Zeit, dass er versehentlich die Oberseite des Brötchens nahm und sogleich verspeiste. Für gewöhnlich gab er sie immer seiner Frau. Diese sah es mit Verwunderung und sagte: »Mein Bester, du bereitest mir eine große Freude. Schon seit fünfundzwanzig Jahren habe ich die knusprige Unterseite des Brötchens nicht mehr gegessen, die ich doch am liebsten mag. Ich dachte immer, du solltest sie essen, da du sie doch so gern magst.«

Der Mann in unserer Geschichte ging davon aus, dass seine Partnerin die Hälfte des Brötchens am liebsten mag, die ihm selbst ebenfalls am besten schmeckt. Er wollte ihr seine Liebe zeigen und kam gar nicht auf die Idee, dass seine Frau die andere Brötchenseite viel lieber mochte. Ebenso wie diesem netten Paar kann es auch uns selbst ergehen, wenn wir in unsere engsten Freundschaften und Beziehungen blicken. Was tust du selbst, um anderen Menschen deine Liebe zu zeigen? Und was sollte der andere Mensch tun, damit du dich von ihm wertgeschätzt und geliebt fühlst?

Der Amerikaner Gary Chapman hat sich mit diesen beiden überaus spannenden Fragen lange auseinandergesetzt und festgestellt: Jeder von uns hat seine ganz eigene spezielle Art, dem anderen seine Liebe zu zeigen. Er hat dabei die fünf wichtigsten »Sprachen der Liebe« entdeckt und in seinem gleichnamigen Buch beschrieben (siehe Hinweis im Anhang). In meinem Seminar zum Thema Selbstliebe ist die Entdeckung der eigenen Liebessprache ein ganz wichtiger Punkt. Zum einen haben viele von uns noch nie davon gehört, dass es überhaupt verschiedene Liebessprachen gibt (und geben dem Partner darum weiterhin die falsche Hälfte des Brötchens beim Frühstück). Zum anderen gehen wir oft stillschweigend davon aus: Wenn ich mich geliebt fühle, wenn der andere mich so und so behandelt, dann wird es ihm sicher genauso gut gefallen, wenn ich ihm dasselbe angedeihen lasse. Aber darin liegt der Irrtum. Es kann nämlich von Mensch zu Mensch sehr unterschiedlich sein, wann wir uns geliebt fühlen.

Lohnt es sich, hier einmal genauer hinzuschauen? Ist deine Neugier geweckt? Dann also los, hier sind sie, die fünf Sprachen der Liebe. Sie heißen Lob, gemeinsame Zeit, Geschenke, Hilfe und Zärtlichkeit.

Lob

Bei dieser Sprache der Liebe zeigen Menschen ihre Zuneigung durch freundliche, lobende Worte. Ihnen fällt es leicht, ihre Wertschätzung gegenüber anderen auszusprechen. Freunde und Bekannte fühlen sich durch sie anerkannt und gesehen. Umgekehrt erwarten aber Menschen mit dieser Liebessprache, dass auch ihre Taten mit Wertschätzung belohnt werden.

Zeit, die man gemeinsam verbringt

Die zweite Möglichkeit, dem anderen meine Liebe zu offenbaren, sind gemeinsame Aktivitäten und Zeit, die man zusammen verbringt. Dabei ist weniger wichtig, was man tut, als dass man es zusammen tut. Für diesen Liebestyp ist alles viel schöner, wenn es mit dem Partner gemeinsam geschieht. Umgekehrt erwartet dieser Mensch aber auch vom Partner, dass er Raum für gemeinsame Zeit freimacht.

Geschenke

Ein Geschenk sagt mehr als viele Worte! Bei dieser Liebessprache geht es darum, dem Partner die Wertschätzung durch Geschenke zu vermitteln. Menschen dieses Typs finden immer wieder Gelegenheiten, nach einer Reise oder zu einem besonderen Anlass den Partner mit einer Überraschungsgabe zu erfreuen. Dabei geht es vorrangig um das Geschenk und weniger um den materiellen Wert. Es ist als Zeichen zu verstehen: »Ich habe an dich gedacht.« Umgekehrt erwartet solch ein Mensch auch vom Partner Präsente.

Hilfe

Punkt vier auf der Liste der Sprache der Liebe ist die Hilfsbereitschaft. Solche Menschen zeigen ihre Zuneigung durch bestimmte Dienste, die sie dem Partner erweisen. Das kann Putzen, Kochen oder Windelnwechseln sein. Auch hier ist es eher unwichtig, ob kleine oder große Dinge für den anderen erledigt werden. Umgekehrt erwartet solch ein Liebestyp aber ebenfalls Hilfe als Liebeszeichen vom anderen.

Zärtlich sein

Hier fühlt man sich geliebt, wenn der Rücken gestreichelt, eine Massage gemacht oder einfach nur ein Kuss und eine Umarmung verschenkt wird. Durch jede Form von Zärtlichkeit signalisiert dieser Menschen dem anderen, dass er ihn von Herzen liebt. Umgekehrt erwartet er genauso vom Partner Berührung und Zuwendung. Sonst fühlt er sich nicht geliebt.

Es ist sicher schon deutlich geworden: Wenn ich eine bestimmte Liebessprache spreche, dann verstehe ich auch nur diese eine. Auch wenn mein Partner mich noch so sehr liebt, ich fühle es nicht, wenn wir nicht auf der gleichen Frequenz funken. Wenn der eine Spanisch und der andere Norwegisch spricht, ist die Verständigung schwierig. Um die Kommunikation zu verbessern, ist es in Freundschaft und Partnerschaft darum wichtig, die eigene wie die Sprache der Liebe des Freundes und Partners zu kennen. Denn dann kann ich ihn auch endlich besser verstehen: »Aha, er macht mir Geschenke. Das ist seine Liebessprache. Ich sollte ihm auch welche machen. Dann fühlt er sich geliebt.« Ganz selbstverständlich schließt sich also hier die passende Übung an.

Übung 21
Meine Liebessprache

Sicher bist du nun schon neugierig geworden, was wohl deine eigene Liebessprache ist. Teil eins dieser Übung ist darum nach dem Motto: »Erkenne dich selbst«, über dein eigenes Verhalten kurz einmal nachzudenken. Wie zeigst du deinem

Partner deine Liebe? Schreib es dir auf. Übrigens haben wir oft mehrere Liebessprachen, von denen eine dominanter ist, sozusagen unsere »Muttersprache«.

Geh dann im zweiten Teil dieser Übung weiter zu deinem Partner. Wie, denkst du, ist seine Sprache? Womit könnte er meinen, seine Liebe zeigen zu können? Gut wäre es, wenn du deinen Partner bei dieser Übung dazunimmst. Was denkt sie oder er über deine Vermutungen? Wie sind seine eigenen? Vergleicht eure Notizen und redet offen darüber. Wann fühlst du dich geliebt?

Abschließend kannst du als Auflösung im Internet einen kurzen Test machen, der dir zeigt, was deine vorwiegende Sprache der Liebe ist. Du findest ihn unter:

https://www.ehevorbereitung-online.ch/die-fuenf-sprachen-der-liebe

Weil ich mich liebe, schütze ich mich

Die Liebe zu uns selbst wird besonders bei den Menschen herausgefordert, die wir sehr lieben. Wir kommen vor allem dann an unsere Grenzen, wenn wir ihnen mehr geben wollen, als uns selbst zur Verfügung steht. So schwer es manchmal fällt, auch bei uns nahestehenden Menschen müssen wir lernen, Grenzen zu setzen. Um Ja zu mir sagen zu können, braucht es häufig ein Nein, das ich zu anderen sage. Indem ich Grenzen setze, verschaffe ich mir liebevoll Respekt. Weil ich mich selbst liebe, respektiere ich meine Grenzen und schütze mich und meine Energie. Wenn ich beginne, Grenzen zu setzen, wird sich mein Umfeld verändern. Aber das tut es doch sowieso!

Annahme

Weil ich mich liebe,
nehme ich mich an, wie ich bin

Nicht die Vollkommenen brauchen Liebe,
sondern die Unvollkommenen.
   – *Oscar Wilde*

Der Diener auf dem Schiff

Ein Sultan begab sich mit seinem treuen Diener auf eine längere Seereise. Der Diener war in den Bergen groß geworden, und darum war ihm das Meer noch völlig unbekannt. Bald schon wurde er seekrank und jammerte und klagte in einem fort, wie schlecht es ihm ginge. Der Sultan war zunächst gütig mit seinem Diener, doch als die Tage dahingingen und sich nichts an dem Zustand änderte, fragte er Nasruddin um Hilfe, der ihn auch begleitete. Dieser empfahl dem Sultan, den Schreihals einfach über Bord zu werfen, was die Mannschaft nur allzu gern tat. Im Wasser strampelte der Diener nach Luft, hielt sich am Ruder fest und flehte darum, wieder an Bord kommen zu dürfen. Also zogen ihn die Seeleute wieder aus dem Wasser. Von diesem Moment an saß der Diener nass, aber ruhig und glücklich wieder an Deck. Der Sultan dankte Nasruddin überschwänglich und fragte nach einer Erklärung. Nasruddins Antwort war: »Der Diener kannte die Gefahren des Meeres noch nicht. Darum konnte er die festen Planken des Schiffes erst wertschätzen, als er spürte, wie kostbar sie sind.«

Diese Geschichte von Nasruddin hat mich zum Nachdenken gebracht. Denn geht es uns in unserem eigenen Leben nicht häufig ebenso? Da klagen wir lang und breit über eine unangenehme Situation und sträuben uns innerlich zutiefst dagegen. Kommt es dann noch schlimmer und geht es uns wirklich schlecht, wären wir froh, die vorher so ungeliebte

Lage wieder zurückzuerhalten. Oft wissen wir gar nicht, wie gut es uns geht. Dann jammern wir, aber auf sehr hohem Niveau.

Selbstliebe fordert uns in diesem fünften Schritt auf, uns auch mit unseren Unvollkommenheiten anzunehmen. Wir alle sind nun einmal Menschen und haben darum Schwächen, Fehler und Verletzlichkeiten. Jeder von uns auf seine besondere Weise. Weil wir gelernt haben, uns zu lieben, sagen wir jetzt auch Ja zu unseren Mängeln. Wir schauen in den Spiegel der Wahrheit und geben offen zu: Ja, ich schimpfe manchmal zu viel. Dann bin ich unzufrieden mit einer eigentlich passablen Situation. Und ich liebe mich trotzdem. Ich nehme mich an, selbst wenn ich manchmal unzufrieden und quengelig bin.

Selbstliebe lehrt mich die Fähigkeit, mich so anzunehmen, wie ich nun mal bin. Ich bin, so wie jeder Mensch, ein Gesamtkunstwerk der Schöpfung. Damit habe ich Licht und Schatten in gleicher Weise in mir. Es gibt an mir viele gute Eigenschaften und zwangsläufig im Ausgleich auch Fehler und Schwächen. Selbstliebe steht ganz zu mir und akzeptiert beide Seiten. Ich bin gut so, wie ich bin, selbst wenn ich nicht perfekt bin. Ich freue mich an meinen guten Seiten und finde Frieden mit meinen schlechten.

Weil ich mich liebe,
stehe ich zu meinen Schwächen.

Von einer meiner persönlichen Schwächen war im letzten Kapitel die Rede. Wenn ich nach der Geburt meiner Kinder viel zu hohe Erwartungen an mich als Vater und Ehemann gestellt hatte, dann war das sicher absolut unrealistisch und überzogen. Offensichtlich war es zum damaligen Zeitpunkt ein Fehler von mir, viel zu viel von mir zu verlangen. Ich hatte mich schlichtweg überfordert und glaubte in meiner allzu kühnen Vorstellung, perfekt sein zu müssen. Zum Glück holte mich die Wirklichkeit schon nach kurzer Zeit wieder ein. Darum durfte ich lernen, wo meine Grenzen sind und mich selbst dabei anzunehmen, wie ich bin. Ich bin, so wie jeder Mensch, nicht vollkommen. Und es fällt gar nicht so leicht, das zuzugeben.

Denn üblicherweise wollen wir uns im Alltag lieber von unserer besten Seite zeigen und kehren unsere kleinen Fehler dann gern unter den Teppich. Aber ich finde, wir haben darum jetzt genug von mir gesprochen … Kommen wir doch lieber endlich zu dir.

So sehr wir versuchen, nach außen unsere Stärken zu zeigen, so sehr beschäftigen wir uns innerlich mit unseren Defiziten. Kaum etwas nagt aber so sehr an unserer Selbstliebe wie die ständige Kritik an uns selbst. Es gibt eine Instanz in uns, die unablässig unsere Fehler bemängelt und der wir es nie gut genug machen können. Ich nenne diesen Teil in uns den inneren Kritiker. Du kannst ihn auch den inneren Richter oder ständigen Besserwisser nennen. Hast du ihn schon kennengelernt?

Übung 22
Wo kritisiere ich mich?

Nimm bitte wieder einen Zettel oder dein Tagebuch zur Hand. Nun schreib dir auf, wofür du dich heute und in letzter Zeit immer wieder kritisiert hast. Sei ehrlich zu dir. Du kennst dich selbst am besten. Weshalb nörgelst du an dir rum? Was sind deine größten Fehler? Du kennst sie selbst am allerbesten. Schreib alles auf, was dir einfällt. Kommst du oft zu spät? Hast du Termine manchmal ganz vergessen? Bist du ungenau? Oder etwa überexakt? Was findest du wirklich schlimm an dir und deinem Verhalten? Wofür könntest du dich manchmal ohrfeigen?

Zugegeben, diese Übung ist ähnlich unangenehm wie der Besuch beim Zahnarzt. Aber als Bestandsaufnahme unseres normalen Umgangs mit uns selbst steht sie nun einmal am Anfang, wenn wir lernen wollen, uns zu akzeptieren. Selbsterkenntnis ist der erste Schritt zur Besserung! Jeder von uns hat so etwas wie einen »Lieblingsfehler«, auf dem wir mit Inbrunst immer wieder herumkauen. Bei anderen wäre ein ähnliches Verhalten gar nicht so schlimm, aber bei uns selbst können wir so etwas nicht tolerieren.

Oft sind wir selbst unsere größten Kritiker.

Wie bei der Eingangsgeschichte mit dem Diener auf dem Schiff ist nun aber dieser Fehler vielleicht gar nicht so schlimm. Wir konzentrieren uns nur zu sehr auf diesen einen Umstand und sehen die Situation nicht mehr in ihrer Gesamtheit. So verrückt es klingt: Drehen wir den Spieß doch einmal um. Springen wir ins Wasser und betrachten diesen Kritikpunkt aus einem anderen Blickwinkel. Betrachten wir ihn einmal als Freund.

Frage dich dazu in Weiterführung der letzten Übung: Warum ist dein Fehler dein bester Freund? Was ist das Gute an deinem Fehler? Um ein Beispiel zu geben: Vielleicht hast du dir gerade notiert, dein Hauptfehler ist deine Sensibilität. In deinen Augen bist du das größte Weichei, das du kennst.

Du reagierst auf alles viel zu empfindlich und hast wegen der kleinsten Auseinandersetzung gleich Tränen in den Augen. Schau einmal auf die andere Seite der Medaille. Alles hat zwei Seiten. Was ist das Gute daran? Deine Sensibilität macht dich sehr offen für andere. Du fühlst, wie es anderen Menschen geht. Du bist vielleicht jemand, dem die Menschen sich öffnen und dem sie gern vertrauen. Außerdem ist die Fähigkeit zu fühlen eine der wichtigsten Eigenschaften, um dich selbst zu lieben. Ich finde, das sind doch eine Menge guter Aspekte, die du auch in dir vereinst.

Hinter einem Fehler
sind gute Eigenschaften versteckt.

Es ist alles nur eine Frage der Sichtweise. Je mehr du beginnst, dich selbst zu lieben, desto besser gelingt es dir, dich mit deinen Herzensaugen zu sehen. Du lernst, deine Fehler anzunehmen und sogar gute Aspekte an ihnen zu entdecken. Wir vereinen viele Charakterzüge in uns. Unglücklich, so wie der Diener auf dem Schiff, werden wir erst, wenn wir nur den Moment betrachten und vergessen, das Ganze zu sehen. So wie der Kritiker in uns, der sich darauf versteift, nur die schlechten Aspekte unserer Eigenschaften sehen zu wollen. Dabei gibt es viele gute Seiten an dir, du musst sie nur entdecken. Die nächste Übung dient also dazu, unsere Herzensaugen zu aktivieren und über den eigenen Tellerrand hinauszuschauen. Gerade weil unser Kritiker das überhaupt nicht mag. Er steht dabei vermutlich in der Ecke und schmollt. Wenn wir uns selbst lieben lernen möchten, müssen wir wohl oder übel mit ihm umgehen lernen.

Übung 23
Deine guten Seiten sehen

Geh also noch einmal zurück zur letzten Übung und schau dir an, was du aufgeschrieben hast. Nun nimm dir jede deiner ach so schrecklichen Unarten vor und schau sie mit dem Herzen an. Was zum Kuckuck könnte wohl das Gute an diesem Fehler sein? Welche Stärke ist dahinter verborgen? Wenn dir diese Übung schwerfällt, schau in deinen Bekanntenkreis. Welcher Freund von dir zeigt dieses Verhalten ebenfalls, und warum magst du ihn trotzdem? Bei uns selbst sind wir oft betriebsblind und sehen den Wald vor lauter Bäumen nicht. Darum nimm dir als zweite Hilfe einen Freund bei dieser Übung dazu, dem du deine schlechten Eigenschaften beschreibst. Sprich mit ihm darüber. Vielleicht sieht er ja das Gute an dir viel leichter, als es dir selbst gelingt! Mir fällt bei dieser Übung immer zuerst das Yin-Yang-Symbol ein. Sicher hast du es schon einmal gesehen. Da sind in einem Kreis zwei Wellen gezeichnet, eine schwarze mit einem weißen Punkt und eine weiße mit einem schwarzen Punkt. Im Schwarzen ist damit immer auch das Weiße enthalten und umgekehrt. In unserer Welt existiert alles nur gemeinsam mit seinem Gegenpol, seinem Gegenteil. So wie es keinen Pluspol ohne den Minuspol geben kann. Beides existiert nur gleichzeitig, so wie Tag und Nacht oder Regen und Sonnenschein.

Alles auf dieser Welt hat sein Gegenteil.

Für meinen Fehler und mich bedeutet dies: Er ist nicht allein, sondern irgendwo muss er eine gute Seite im Schlepptau haben. Nur war ich bisher zu sehr damit beschäftigt, immer auf ihm rumzuhacken, sodass ich gar nicht auf die Idee gekommen bin, meinen Blick zu heben und an sein anderes Ende zu blicken. Mein Sichtfeld war zu sehr eingeschränkt. Ich stand zu nah vor mir selbst, wie vor dem sprichwörtlichen Wald, den ich vor lauter Bäumen nicht mehr sehen konnte. Was also könnten die guten Eigenschaften meiner persönlichen Schwäche sein? Hier ein paar Beispiele als Denkanstoß:

- Bin ich zu schüchtern, gebe ich damit anderen Menschen Raum und Möglichkeiten, sich zu zeigen. Bin ich im Gegenteil sehr von mir überzeugt, dann übernehme ich vielleicht Verantwortung für andere.

- Rede ich meiner Meinung nach zu wenig, dann höre ich sicher gut zu. Rede ich zu viel, dann bin ich kontaktfreudig und vernetze Menschen miteinander, die sich sonst nie kennengelernt hätten.

- Habe ich zu viel Ehrgeiz, dann setze ich dafür aber eine Menge Dinge um. Habe ich zu wenig Ehrgeiz, dann schätzt man mich vielleicht für meine Ruhe und Ausgeglichenheit.

- Bin ich zu ungeduldig, dann habe ich viele Ideen und eine Menge Energie zur Verfügung. Wenn ich zu langmütig und geduldig bin, schätzt man mich für meine Güte und Freundlichkeit.

- Denke ich, zu waghalsig zu sein, dann besitze ich wohl Mut und Tatendrang. Bin ich zu ängstlich, passe ich gut auf mich auf und schätze die Sicherheit.

Unsere größten Ängste sind Drachen vergleichbar, die unsere wertvollsten Schätze bewachen.
– Rainer Maria Rilke

In diesem Bild ist der Kritiker unser Drache. Wenn wir ihn tapfer wie ein Ritter besiegen, wird uns unser Schatz zuteil. Immer wieder erlebe ich es in Seminaren und Beratungen, dass hinter einer vermeintlichen Schwäche eines Menschen sein Potenzial verborgen ist. Nur können wir es selbst nicht sehen, da wir so sehr mit dem eigenen Fehler beschäftigt sind. Statt zu uns und unserem Fehler zu stehen, strengen wir uns ungemein an, anders zu sein. Mit oft fatalen Folgen.

Der eitle Spatz

Ein grauer Spatz sah einen Pfau, der sein prächtiges buntes Rad schlug. Der Spatz dachte, so will ich auch sein. Er streckte ebenfalls den Kopf empor, drückte die Brust heraus und spreizte die wenigen Schwanzfedern ebenso, wie er es beim Pfau gesehen hatte. Er lief in der Gegend umher und dachte, wie wunderschön er nun auch sei. Aber die ganze Haltung und das Getrippel waren für ihn sehr fremd und strengten ihn an. Sein Hals tat weh und bald schmerzten auch die Füße. Und, noch schlimmer, keiner der anderen Vögel bewunderte ihn. Eher lachten sie sogar über ihn. Also sah der Spatz ein, wie sinnlos es war, wie ein Pfau sein zu wollen, und beschloss, lieber wieder ganz Spatz zu sein. Doch als er wieder normal gehen wollte, hatte er es verlernt. Er konnte nur noch hüpfen, statt wie früher zu gehen. So lernten die Spatzen das Hüpfen.

Solange wir gegen die eigenen Schwächen ankämpfen, kämpfen wir gegen uns selbst. Dann strengen wir uns an und hüpfen, wo wir ganz einfach normal gehen könnten. Wir stellen unser Licht unter den Scheffel, da wir unsere Fehler in den Fokus stellen und nicht die Fähigkeit, die damit verbunden ist. Wenn wir beginnen, uns selbst zu lieben, unterbrechen wir den Kreislauf, in dem wir immer nur anders sein wollen, als wir sind.

Wir müssen nicht anders sein.
Wir sind gut und richtig,
genauso, wie wir sind.

Wenn also unserem inneren Kritiker mal wieder alles nicht gut genug ist und er ständig neue Haare in der Suppe findet, dann gibt es zum Glück noch eine Instanz in uns, die uns immer zur Verfügung steht. Und das ist die Liebe in unserem Herzen. Wir haben ja bereits Bekanntschaft mit ihr gemacht. Wenn die Liebe dem Licht entspricht, dann ist der Kritiker der Schatten. Wenn ich in die Welt da draußen blicke, dann gibt es nur an den Stellen Schatten, wo die Sonne nicht hinscheint. Wenn der Kritiker in mir also häufig so stark und dominant werden kann, dann wohl einzig und allein deshalb, weil ich vergessen habe, das innere Licht anzuknipsen! Leuchten wir darum ein wenig in unsere dunklen Ecken, indem wir uns an die Liebe im Herzen erinnern.

Übung 24
Deine Liebe aktivieren

Beginne zunächst, wie du es schon kennst, und tritt wieder in Kontakt zu deinem Herzen. Leg bitte wieder beide Hände auf dein Herz und schließe deine Augen. Spür die Wärme, die dabei entsteht, und deute sie als Ausdruck deiner Liebe.

Nun spüre, wie du dich bei jedem Atemzug mehr und mehr entspannst. Fokussiere dich auf dein Herz und lass Erinnerungen in dir aufsteigen, in denen du dich ganz und gar geliebt und wertgeschätzt gefühlt hast. Vielleicht erinnerst du dich, wie dich dein Vater sehr herzlich in den Arm genommen hat, nachdem du die Schule oder eine andere Prüfung abgeschlossen hattest. Denk an dein erstes Date, deinen ersten Kuss. Erinnere dich an deine Hochzeit oder einen besonders schönen Moment in deiner Partnerschaft. Geh ganz in dieses Bild. Wo warst du damals, welche Jahreszeit war es? Welche Menschen waren noch dabei? Spür die Liebe, die dir in diesem Moment entgegenströmte. Sauge dich voll mit dem Gefühl, geliebt zu werden. Lass dieses Gefühl langsam dein ganzes Herz ausfüllen. Sage dir nun die Sätze:

- Ich werde geliebt.
- Ich bin gut, wie ich bin.

Wie geht es dir dabei? Wie fühlst du dich? Beende die Übung nach ein paar Minuten und wiederhole sie, so oft du möchtest.

Wird dein innerer Kritiker zu stark, dann nimm ihm mit dieser Übung den Wind aus den Segeln. Ich bin gut, wie ich bin! Hast du dich ein paar Mal mit deinem Herzen verbunden und kennst es ein wenig, dann kannst du deinen Kritiker direkt mit deiner Liebe verbinden, ihn sozusagen anstrahlen. Aktiviere dazu einfach die Liebe in dir wie eben gezeigt und schließe dann die nächste Übung an.

Übung 25
Dein innerer Kritiker

Bei dieser Übung kannst du dich ganz entspannt hinlegen. Dann stell dir vor, du liegst ganz früh am Morgen auf einer bunten Blumenwiese. Welche Blumen siehst du? Du schaust nach oben und erblickst kleine Schäfchenwolken am blauen Himmel. Nun stehst du auf und gehst über die Wiese. Plötzlich kommst du an ein Tor, das mit Rosen umwachsen ist. Neugierig gehst du näher. Wie sieht dein Tor aus? Welche Farbe haben die Rosen? Rieche ihren Duft und dann geh durch das Rosentor hindurch. Du bist nun in einer anderen Landschaft. Wie sieht sie aus? Schau dich eine Weile um. Nun geh einen kleinen Fußweg nach links, und nach einem Stück, das du gegangen bist, hocke dich links neben dem Pfad in eine kleine Mulde. Versetze dich in das Gefühl, das entsteht, wenn du dich kritisierst und wenn du ganz und gar unzufrieden mit dir bist. Denk an Dinge wie: »Immer mache ich denselben Fehler!« Nun erheb dich wieder und geh in diesem Gefühl einen kleinen Hügel hinauf, der sich neben dem Weg erhebt. Oben begegnet dir das Wesen deines inneren Kritikers. Nimm einfach das Bild, das sich zuerst zeigt. Es kann ein Tier sein, eine Pflanze oder jede Form annehmen, die du gerade erblickst. Wie sieht dein innerer Kritiker aus? Geh um ihn herum, schau ihn dir von allen Seiten an. Dann geh in die Absicht, ihm aus deinem Herzen Liebe zu schicken. Leg beide Hände auf dein Herz und aktiviere deine Liebe. Sende die entstehende Wärme zu dem Wesen hinüber. Wie reagiert das Wesen darauf? Sende weiter Liebe und betrachte, ob sich das Wesen verändern möchte. Bleib in der Liebe, solange es sich für dich richtig anfühlt. Dann geh wieder zurück zum Tor aus Rosen und tritt hindurch. Kehre zurück zu deinem Kritiker, wann immer du möchtest. Es kann sein, dass er sich dir bei jedem neuen Wiedersehen in einer neuen Form zeigen möchte.

Die dauernde Selbstkritik torpediert natürlich unsere Selbstliebe. Oft sind die Mechanismen der Selbstkritik so versteckt und gehören so sehr zu unseren inneren Programmen, dass wir es gar nicht merken. Die letzte Übung macht diese dauernde Selbstzerfleischung deutlich und gibt unserem inneren Kritiker endlich ein Gesicht. Wie sah das Wesen deines Kritikers aus? In welcher Weise hat es sich verwandelt? Und vor allem, schau noch einmal in diese Übung zurück und frage dich: Wie hat sich dein Verhältnis zu ihm während der Übung verändert? Wie war dein Gefühl ihm gegenüber anfangs und wie hat es sich gegen Ende der Übung neu eingestellt? Gut wäre es, wenn du die Übung immer wieder machst, um eine positive Beziehung zu deinem Kritiker aufzubauen. Steter Tropfen höhlt den Stein.
An dieser Stelle kommt eine Eigenschaft der Liebe zum Vorschein, die dir vielleicht zunächst noch etwas fremd ist. In der letzten Übung haben wir die Liebe als Instrument eingesetzt, um unseren inneren Kritiker zu verwandeln. Liebe ist eine Kraft, die mir immer zur Verfügung steht. Ich kann sie einsetzen, wenn ich mich im Herzen öffne und mich mit ihr verbinde. Mein Gefühl zeigt mir, wenn ich mit meinem Herzen und meiner Liebe verbunden bin. Und es signalisiert mir auch, wenn im Kontakt mit ihr zum Beispiel meine Beziehung zu meinem inneren Kritiker besser wird.

Meine Liebe im Herzen
kann den Kritiker in mir besänftigen.

Je mehr ich mit meiner Liebe in dieser Form arbeite, desto besser wird es mir gelingen. Ich übe es immer wieder, und plötzlich kann man es. Die Liebe im Herzen ähnelt dabei dem Feuer, das ein Schmied in seinem Ofen schürt, um Eisen zu bearbeiten. Der Schmied sorgt für genau die richtige Hitze für seine Arbeit. Ebenso ist es mit der Liebe. Ich kann sie entzünden und vergrößern, um ihre Kraft zu steigern.

Übung 26
Das Feuer deiner Liebe entzünden

Beginne auch diese Übung wieder, indem du die Hände auf dein Herz legst. Spüre die Wärme, die entsteht. Wenn du erst vor Kurzem in Verbindung zu deinem Herzen getreten bist, wirst du merken, es ist noch warm. Das Herz merkt sich, wenn du den Kontakt zu ihm gesucht hast. Die Glut im Herzen ist noch da. Es dauert eine ganze Weile, bis sie erlischt. Nun stell dir vor, du könntest diese Wärme im Herzen als Glut wie in einem Ofen sehen. Wie sieht deine Glut aus? Stell dir vor, du könntest wie ein Schmied in dieses Feuer blasen. Nutze dabei dein Ein- und Ausatmen. Beim Einatmen stell dir vor, wie dein Atem auch ganz sanft in dein Herz eintritt und über die Glut weht. Beim Ausatmen genauso, nur in der anderen Richtung. Sei behutsam und fache mit jedem Atemzug deine Liebe im Herzen an. Merkst du, wie die Glut immer wärmer wird? Wenn eine kleine Flamme auflodert, ist die richtige Arbeitstemperatur erreicht. Nun können wir mit unserem Ofen der Liebe arbeiten. Bei der nächsten Übung kehren wir zu diesem Feuer zurück.

Zuerst möchte ich dir aber die Frage stellen: Wie fühlst du dich jetzt, nach dieser Übung? Wie geht es dir innerlich, mit einem warmen Feuer in deinem Herzen? Für mich ähnelt diese Empfindung dem Bild, im tiefen Winter ein Feuer im Holzofen brennen zu sehen, das das Wohnzimmer in ein freundliches, flackerndes Licht taucht. In Bayern haben viele Häuser solch einen Wärmespender, und wir nutzen ihn im Winter sehr oft. Das Feuer schafft ein wohliges, angenehmes Zuhause. Ich bin froh, nach einem langen Tag draußen gemütlich auf dem Sofa zu sitzen und ins Feuer zu blicken. Genauso geht es mir bei dieser Übung.

Wenn ich im Herzen bin,
fühle ich mich zu Hause.

Ich erinnere noch einmal an den Satz: Alle Liebe dieser Welt ist auf Selbstliebe begründet. Im Feuer meines Herzens entsteht die Liebe zu mir selbst. Diese Liebe steht mir immer zur Verfügung. Alles, was ich dazu tun muss, ist, es anzünden. Immer wieder. Wenn der innere Kritiker in mir die Oberhand gewinnt (was immer wieder passieren wird), dann drohen Unterkühlung und Frosteinbruch. Wenn ich jetzt mein Feuer entfache, wird mir ganz schnell wieder warm. Ich fühle mich wohl mit mir. Gibt es eine bessere Beschreibung für Selbstliebe?

Wenn ich im Herzen bin,
fühle ich mich geborgen.

Woraus besteht denn nun das Feuer in meinem Herzen? Bei mir zu Hause lege ich Holzscheite nach, wenn es kleiner wird. Aber wie mache ich das in meinem Herzen? Ich würde sagen, die Liebe ist unsere ureigenste Lebensenergie. Sie kommt wie der Strom aus der Steckdose, wenn ich sie mit dem Kabel und dem Stecker verbinde. Unser Herz ist wie eine Batterie, die uns mit Kraft versorgt. Diese Energie in uns spüren wir besonders, wenn wir begeistert sind, Elan haben, voller Freude sind. Mit anderen Worten: wenn wir etwas lieben. Unseren Sport, unser Hobby, unsere Arbeit.

Unser Kritiker kann nur dort dominant werden, wo wir dieses innere Feuer vergessen haben. Spüre ich also, dass ich lustlos und ohne Antrieb bin, dann kann ich mich an die Liebe in meinem Herzen erinnern. Dort, wo mein Kritiker alles schlechtmachen kann, fehlt es mit schlicht und ergreifend an innerer Wärme. Denn in meinem Herzen geht es mir und meinem Gefühl gut.

Wenn ich im Herzen bin, ist alles gut.

Diese Übung ist ein zentraler Bestandteil meiner Selbstliebe-Seminare. So wie die Hitze der Esse eines Schmieds das Eisen schmelzen und neu formen kann, so gelingt es ebenfalls, im Feuer des Herzens innere Haltungen, Einstellungen und Anteile zu verwandeln. Am besten, ich gebe dir ein Beispiel.

Ortrud ist Heilpraktikerin und arbeitet selbstständig in ihrer Praxis im Schwarzwald. Sie kam zum Seminar und beklagte sich, sie hätte zu wenige Kunden. Aus ihrer Sicht tat sie alles, was sie konnte, doch seit ein paar Wochen kamen gar keine mehr. Ortrud war das ganz recht, denn sie gab offen zu, mittlerweile trotzig geworden zu sein. Wenn die Kunden nicht wollten, na, dann wollte sie erst recht nicht. Sollten die Kunden doch bleiben, wo der Pfeffer wächst! Als wir in der Gruppe darüber sprachen, warf sie den Kunden vor, sie und ihre Arbeit nicht genug wertzuschätzen. Dabei gab sie sich bei jedem ganz besonders viel Mühe! Meist arbeitete sie zwei Stunden mit jedem Klienten, selbst wenn nur eine gebucht und bezahlt worden war. Das war aber genau der springende Punkt. Ortrud gab den Kunden viel mehr, als vorher ausgemacht war. Warum wohl, wenn nicht umgekehrt Ortrud selbst von sich glaubte, nicht gut genug zu sein? Wer schätzte also in Wahrheit ihre Arbeit zu wenig? Ortrud selbst! Hier lag der Hase im Pfeffer.

Wenn ich ein Kunde von ihr wäre, dann würde ich dieses Gefühl bei Ortrud ganz genau spüren. Mehr noch: Wenn ich jedes Mal zwei Stunden behandelt werde, obwohl ich nur eine bezahle, dann entwickle ich Schuldgefühle. Denn ich bekomme ja viel mehr, als ich energetisch an sie zurückgebe. Da bleibe ich doch lieber weg, denn da wird mir die Last auf meinen Schultern ganz schnell zu erdrückend.

Ortrud erkannte ihren Anteil an der Situation. Wir machten darum in der Gruppe für Ortrud ein Ritual, in dem wir alle zusammen das Feuer der Liebe im Herz entzündeten. Wir übergaben ihr und unser mangelndes Selbstwertgefühl dem Feuer, damit es sich verwandeln konnte. Und das tat es offenbar tatsächlich. Das Seminar dauerte noch zwei Tage, und freudestrahlend erzählte sie uns am Ende, dass sich mittlerweile schon wieder vier Patienten bei ihr für eine Behandlung angemeldet hatten. Sie war überglücklich. Kürzlich, ein halbes Jahr später, erzählte sie mir, wie gut ihre Praxis nun endlich läuft.

Ich nehme meine Schwäche in mein Herz

Beginne wie bei der letzten Übung, die Liebe in deinem Herzen zu entzünden. Nimm deinen Atem zur Hilfe und spüre die wachsende Wärme in deiner Hand. Nun wähle einen der Punkte, für den du dich am liebsten kritisierst. Was ist dein Fehler, den du dir ausgewählt hast? Wie sieht er aus, welche Form siehst du vor deinem inneren Auge? Nun lege diese Schwäche wie bei Ortrud beschrieben in diesen Ofen und schau zu, wie sie schmilzt. Löst sie sich auf, verwandelt sie sich? Schau einfach zu und lass die Flammen der Liebe ihre Arbeit verrichten. Welche neue Form hat dein Fehler bekommen? Wie ist dein Gefühl dabei? Beende die Übung, wenn es sich für dich richtig anfühlt.

Dieses Kapitel habe ich mit »Annahme« überschrieben, da meiner Erfahrung nach in dieser Haltung die besten Ergebnisse erzielt werden können. Ich erkenne meinen Fehler, mein Kritiker zeigt ihn mir ja sowieso schon mein Leben lang. Mit meinem Verstand komme ich nicht heran, im Gegenteil, mein Kritiker nutzt meine Klugheit nur, damit ich mich auf noch geschicktere Art und Weise permanent selbst fertig mache. Was bleibt mir also übrig? Ich nutze die Liebe im Herzen als höchste Instanz, die mir zur Verfügung steht. Auch wenn ich die Liebe nicht verstehen kann, so spüre ich doch, dass bei dieser Übung etwas in meinem Herzen geschieht. Es ist ein Ritual, ähnlich wie ein Gebet, bei dem ich mich hingebungsvoll der Liebe in meinem Herzen zuwende. Besonders gut gelingt dieser Vorgang, wenn Annahme mit der inneren Haltung von Demut einhergeht. Für mich ist es eine Art heiliger Prozess. Ich lege meine Schwäche auf den

Altar meines Herzens und bitte und bete, sie möge durch die Liebe verwandelt werden.

Ortrud wollte wirklich eine Lösung für ihr Problem mit den Kunden finden. Sie zeigte sich der Gruppe sehr zerknirscht über ihre Situation und war den Tränen nahe. Sie sah keinen Ausweg mehr. Das meine ich mit Demut. Ich lege meinen Fehler auf den Altar meine Liebe und bitte um Hilfe. Und genau dann, in dieser Haltung der Demut, finde ich plötzlich eine neue Lösung, die völlig außerhalb meines Verstandes liegt.

Die Liebe im Herzen verwandelt meinen Fehler, wenn ich in Demut bin.

Da mir ja offenbar die Liebe im Herzen so guttut, sollte ich sie noch viel öfter einsetzen. Warum nutze ich sie eigentlich nicht gleich für meinen ganzen Körper? Sie müsste doch auch meinem Körper ihre liebende Wärme schenken können. Das kann sie tatsächlich, und es ist ganz einfach.

Übung 28
Ich liebe meine Zellen

Die Liebe in unserem Herzen kann eingesetzt werden, um uns selbst Gutes zu tun. Beginne zunächst wie immer, indem du in Kontakt zum Herzen trittst. Lege die Hände auf dein Herz und spüre die entstehende Wärme. Nun sieh deinem Herzen zu, wie es klopft und pocht. Entdecke einen hellen Punkt in ihm, der leuchtet und aus dem die Wärme entspringt, die deine Hände fühlen. Betrachte diesen Punkt in deinem Herzen und lass ihn heller erstrahlen. Bald schon umfasst sein Licht dein ganzes Herz. Spüre, wie die Wärme in deiner Brust zunimmt. Nun beginne, das Licht über dein Herz hinaus zu verbreiten. Es wird größer und größer und leuchtet nun in den ganzen Brustkorb hinein. Lass das Licht noch größer werden und auch in den Hals, die Oberarme und den Bauch strahlen. Dann werden auch der Rest deines Körpers, der Kopf, die Unterarme und die Beine und zuletzt die Füße von ihm erfasst. Stell dir vor, wie dein ganzer Körper in diesem Licht erstrahlt. Visualisiere vor deinem inneren Auge, dass nun jede Zelle deines Körpers in dieses Licht getaucht und vollständig von ihm ausgefüllt wird. Jede Zelle wird eine kleine, leuchtende Sonne. Praktiziere diese Übung, so oft du möchtest. Jede einzelne Zelle deines Körpers wird dabei mit der Liebe deines Herzens erfüllt. Es ist eine einfache Art, sich selbst Liebe zu schenken. Dein Körper wird es dir danken.

Suche das Licht nicht in deinem Außen.
Finde das Licht in dir und
lass es aus deinem Herzen strahlen.
– Rumi

Das dauernde Herummeckern an uns selbst ist auf Dauer ganz bestimmt wenig förderlich für uns. Unseren Zellen gefällt es sicher gar nicht. Darum ist es gut, ihnen mit dieser Übung hin und wieder etwas Gutes zu tun. Oder, noch besser, warum lobst du dich nicht mal zur Abwechslung? Das würde den Kritiker ebenfalls direkt in seine Schranken verweisen. Also, wenn dir deine Fehler bewusst sind, dann beschäftige dich auch mit deinen Stärken. Was kannst du richtig gut? Auf welche deiner Eigenschaften bist du so richtig stolz?

Übung 29
Die ultimative Lobhudelei

Nimm ein Blatt Papier und schreib dir alles auf, was du an dir gut findest, was du an dir magst und wofür du dich wertschätzt. Wo in deinem Leben hattest du Erfolg? Was hast du schon alles erreicht, in Job, Familie und Freundeskreis? Mach dir eine Liste deiner guten Eigenschaften. Um dir zu helfen, kannst du dich auch fragen: Was schätzen meine Freunde an mir? Warum bin ich ein guter Freund, ein toller Partner, ein prima Kollege? Erinnere dich, wann du früher einmal etwas besonders gut gemacht hast. Sammle Lob über dich wie früher die Fleißkärtchen in deiner Schule.

Wo Schatten ist, da ist auch das Licht nicht weit. Wenn wir immer wieder genug Gründe finden, uns zu kritisieren, dann gibt es bestimmt ebenfalls Anlässe genug, für die wir uns loben dürfen. Mach ein Spiel daraus. Lobe dich für die dümmsten Kleinigkeiten. Toll, wie ich wieder meine Zähne putze. Prima, wie ich in meinem Auto sitze. Selbst wenn es lustig ist und nicht so ganz ernst gemeint: Auch ein witziges Lob ist eine Anerkennung und damit tausend Mal besser als die dauernde Kritik an uns selbst.

Kritisch sind wir alle, und das ist gesellschaftlich vollkommen anerkannt. Loben wir uns aber stattdessen, dann ernten wir häufig skeptische Blicke. Viele denken dann, das sei egoistisch. Wenn wir uns Mühe geben, uns selbst mehr zu lieben, ernten wir darum oft Unverständnis. Wo liegt denn aber der Unterschied zwischen Selbstliebe und Egoismus? Das ist eine Frage, die du dir vielleicht selbst mittlerweile schon stellst. Es ist also Zeit, uns diesem Thema noch kurz zuzuwenden.

Zunächst muss ich eingestehen, der Grat zwischen Selbstliebe und Egoismus ist wirklich schmal. Wer Selbstliebe praktiziert, der läuft rasch Gefahr, von seinem Umfeld als egoistisch bezeichnet zu werden. Der Trick dabei ist aber: Wenn ich ganz in der Selbstliebe bin, dann ist mir das schnurzpiepegal. Denn meine Selbstliebe hat mich gelehrt, ganz zu mir zu stehen. Sagt mir dann beispielsweise jemand: »Huch, bist du aber jetzt egoistisch! Früher hättest du an dieser Stelle bestimmt Ja gesagt statt Nein und mir diesen kleinen Gefallen getan!«, dann spüre ich die Kritik und den Vorwurf des anderen. Ich stehe dann zu mir, fühle hinein, was ich möchte und was mir guttut. Ich kann mit dieser Kritik umgehen, denn ich kann mir selbst geben, was ich brauche. Und ich brauche dazu niemand anderen mehr.

Vielleicht ist das die beste Antwort auf den Unterschied zwischen Selbstliebe und Egoismus: Wer sich selbst liebt, beginnt zu spüren und zu erkennen, was er selbst am meisten braucht, und es sich selbst zu geben. Wer egoistisch ist, sucht ständig andere, die ihm geben sollen, was er zu brauchen glaubt.

Wer sich liebt, lernt, sich selbst zu geben,
was er braucht.
Wer egoistisch ist, sucht ständig andere,
die ihm das Fehlende geben sollen.

Denn einer, der sehr im Ego ist, braucht immer etwas: Anerkennung, Zuneigung, Erfolg, jemanden, der ihm zuhört. Wer im Ego ist, lebt stetig im Mangel – und jeder Mangel kann letztlich auf fehlende Liebe zurückgeführt werden. Eigentlich sucht dieser Mangel Liebe, sonst nichts. Weil der Egoist sich selbst nicht lieben kann, muss er sich die Liebe von außen holen. Denn unser Ego hat nie genug, es fordert, beschuldigt und klagt die fehlende Liebe immer wieder von anderen Menschen ein, endlos und unablässig. Darum schließen sich Selbstliebe und Egoismus gegenseitig aus. Einen Egoisten kann man als weitgehend von Selbstliebe befreite Zone bezeichnen.

Egoisten leben im Mangel,
da es ihnen an Liebe fehlt.

Weil ich mich liebe, nehme ich mich so an, wie ich bin

Es ist die Feuertaufe für unsere Selbstliebe, uns unsere Fehler und Schwächen zu verzeihen. Fehler sind menschlich, sie passieren jedem von uns. Es ist der wichtigste Schritt zur Selbstliebe, uns so anzunehmen, wie wir nun einmal sind. Wir sind nicht perfekt. Genauso wenig, wie ein anderer Mensch dies sein könnte. Und doch fordern wir es ständig von uns und anderen. Durch die anhaltende Kritik an uns selbst rauben wir uns Freude und Kraft. Dabei stecken hinter unseren Fehlern versteckte gute Eigenschaften. Die Liebe im Herzen besitzt die Kraft, unseren inneren Kritiker zu besänftigen und unsere Schwächen zu verwandeln. Außerdem schenkt sie uns das Gefühl, geborgen und zu Hause zu sein. Selbstliebe wird oft als Egoismus missverstanden. Dabei ist sie genau das, was einem Egoisten fehlt.

Der sechste Schritt zur Selbstliebe:

Güte

*Weil ich mich liebe,
akzeptiere ich auch die Schwächen
anderer*

Suchst du einen Freund, der fehlerlos ist,
wirst du alleine bleiben.
— Rumi

Der Besuch in der großen Stadt

Einmal kam Nasruddin auf seiner Reise in eine ihm noch unbekannte Stadt. Einer seiner Anhänger kam auf ihn zu und begrüßte ihn mit den Worten: »Hier sind alle Menschen starrköpfig. Niemand möchte etwas lernen. Niemand wird darum bereit sein, dir zuzuhören.« Darauf antwortete Nasruddin: »Du hast sicher recht.« Bald darauf trat ein anderer Bewohner der Stadt zu ihm und sagte: »Die Menschen hier warten schon lange darauf, dass du sie besuchst. Sie sehnen sich danach, deine Stimme zu hören.« Nasruddin entgegnete auch ihm: »Ganz sicher hast du recht.« Einer seiner Schüler hatte beide Gespräche belauscht und fragte verwirrt: »Wie kann das sein? Beide sagten das Gegenteil. Wie können beide recht haben?« Nasruddin lächelte und sprach: »Jeder Mensch sieht den anderen nach seiner eigenen Art. Der eine sieht das Schlechte, der andere das Gute. In dieser Stadt sind die Menschen jedoch beides, gut und schlecht zugleich, wie in jeder anderen Stadt auch.«

Solange ich mit mir selbst noch keinen Frieden geschlossen und gelernt habe, mich anzunehmen, wie ich bin, hadere ich weiterhin mit den Menschen meiner Umwelt. Für meine Kinder war es, rückblickend betrachtet, ein Segen, dass ich wie im letzten Kapitel beschrieben lernte, meine eigenen Fehler zu akzeptieren. Denn hätte ich weiterhin zu viel von mir erwartet, dann hätte ich dies später bei meinen Kindern sicher ebenfalls getan. Weil ich mich annehmen kann, wie ich bin, gelingt mir dies auch bei meinen Kindern, in meiner Beziehung und bei anderen Menschen. Ich bin nicht vollkommen und muss es auch nicht sein. Und andere müssen es ebenso wenig sein.

Selbstliebe zeigt sich auf dieser sechsten Stufe vor allem daran, wie ich andere Menschen behandle. Wenn ich mit meinen eigenen Fehlern und Schwächen liebevoll umgehe, gelingt mir dies bei anderen genauso. In Nasruddins Geschichte wird deutlich: Jeder sieht den anderen nach seiner eigenen Art. Wieder gilt der Satz: Ich kann nur das geben, was mir selbst zur Verfügung steht. Wenn ich mich liebe, kann ich Liebe weitergeben. Kritisiere ich mich jedoch, dann werde ich stattdessen andere schlecht beurteilen. Im ersten Fall gebe ich Liebe weiter, im zweiten dagegen Kritik.

So, wie ich andere Menschen betrachte,
sehe ich mich selbst.

Erinnere dich darum noch einmal an die Geschichte von Ortrud und ihren Kunden im vorigen Kapitel. Was hatte sie anfangs über ihre Kunden gesagt? »Meine Klienten schätzen mich nicht genug.« Nachher kam dann aber rasch ans Licht: »Ich schätze mich selbst nicht genug!« Wie sich zeigte, fehlte es also ihr selbst an Wertschätzung. Sie schob es nur den Kunden in die Schuhe.

Was hier geschehen ist, passiert jedem von uns immer wieder. Meine Kinder kennen dieses Phänomen schon, seit sie drei Jahre alt sind. Wenn jemand schlecht über einen anderen redet, dann sagen sie: »Was man vom anderen sagt, ist man selber.«

Das Universum ist so nett und zeigt uns unsere eigenen Fehler im anderen. Auf eine unbewusste, mystische Weise reden wir wohl immer nur über uns selbst. Das Schöne daran ist: Wir können diese Tatsache wunderbar nutzen, um das Maß unserer Selbstliebe daran abzulesen, wie wir über andere reden! Wohlan, auf zur nächsten Übung.

Übung 30
Ich höre mir selber zu

Achte in der nächsten Zeit vermehrt spielerisch auf deine Worte. Wie redest du über andere? Die vielleicht am weitesten verbreitete Unart ist, schlecht über andere zu sprechen. Schau darum genauer hin bei deiner Ausdrucksweise. Welche Worte benutzt du häufig, wenn du über andere redest? Unter Kollegen sprichst du wahrscheinlich schlecht über euren gemeinsamen Chef. Wie kritisch thematisierst du die Arbeit unserer Politiker? Mach es dir zur Gewohnheit, dir selbst bei deinem Sprechen immer mehr zuzuhören. Frage dich: Was gebe ich dem Menschen, über den ich gerade rede, für eine Energie? Ist es Wertschätzung, ist es fehlende Anerkennung? Notiere dir, wenn du magst, abends in dein Tagebuch, wie oft du mit deinen Worten einen anderen angeklagt oder schlecht bewertet hast. Mach dir eine Strichliste, am besten über eine oder zwei Wochen hinweg. Du wirst bemerken, da du nun gut darauf achtest, was du sagst, wird die Zahl der Striche sehr rasch abnehmen. Diese Unart kommt langsam ans Licht.

Weil ich mich liebe,
achte ich auf meine Worte.

Die Liebe zu mir selbst zeigt sich sehr genau daran, wie ich über andere spreche. Meine Sichtweise auf die Menschen in meiner Umgebung wird damit zu einer Bestandsaufnahme meiner Selbstliebe. Das Schöne an dieser Übung ist: Meine Selbstliebe wächst automatisch, wenn ich damit aufhöre, andere Menschen schlechtzumachen.

So, wie ich über anderen rede,
rede ich innerlich über mich selbst.

Wenn mir darum erst einmal bewusst wird, wie oft ich schlecht über andere rede, dann kann ich es schlichtweg nicht mehr tun. Es rutscht mir vom Unbewussten ins Bewusstsein. Plötzlich merke ich, was ich da tue, und denke jedes Mal: »Oh, da ist es mir schon wieder passiert!« Und schon gelingt es mir, damit aufzuhören. Das Wunderbare daran ist: Ich gehe innerlich mit mir genauso um, wie ich in meiner Umwelt mit anderen umgehe. Meine »Sprache« zeigt mir vor allem, wie ich die Dinge meiner Welt sehe und beurteile. Und so, wie ich dies nach außen laut herausposaune, tue ich es mir selbst gegenüber, nur eben still und innerlich. Meist merke ich dies nicht einmal.

Höre ich also damit auf, andere zu kritisieren, dann werde ich innerlich sehr rasch auch freundlicher zu mir selbst. Diese nächste Stufe der Selbstliebe geht darum weit über mich hinaus. Im vorigen Kapitel haben wir gelernt, wie wichtig es ist, uns selbst immer weniger zu kritisieren. Nun kommt die Kritik an anderen hinzu. Meine gestiegene Selbstliebe zeigt sich mir nun daran, wie ich andere Menschen in sie mit einschließe.

Weil ich mich liebe,
höre ich damit auf, schlecht über andere zu reden.

Mir persönlich hat diese Übung sehr dabei geholfen, andere Menschen in ihrer Art besser zu akzeptieren. Denn nun drehen wir den Spieß einfach um: Auch ein Kollege, Nachbar oder Bekannter verrät mit dem, was er über andere Menschen sagt, sehr viel über sich selbst. Er redet dabei immer nur über sich selbst.

Die zwei Nachbarn

Zwei Bauern lebten schon viele Jahre nebeneinander. Der eine war gütig und nett, der andere zornig und schlecht gelaunt. Der grantige Bauer fand immer einen Grund, um noch mehr zu meckern. Einmal lief ein Pferd des netten Bauern auf die Weide des Nachbarn und ließ dort ein paar Pferdeäpfel fallen. Dann trabte es wieder nach Hause. Der grantige Bauer sah den Vorfall, und natürlich nutzte er dies als Vorwand für einen neuen Streit. Also sammelte er den Pferdemist ein und stellte ihn in einem Korb vor die Tür des Pferdebesitzers. Als der nette Bauer die Tür öffnete, wunderte er sich über den Korb, wusste aber sogleich, was zu tun war. Er leerte die Pferdeäpfel auf seinem Misthaufen aus, reinigte den Korb gewissenhaft und gab richtige Äpfel hinein, grüne und rote, die er eben erst von seinen Bäumen geerntet hatte. Dann stellte er den vollen Korb mit Obst vor die Tür des Nachbarn. Der grantige Bauer traute seinen Augen nicht und wusste weder ein noch aus. Was um Himmels willen sollte das nun bedeuten? Widerwillig ging er zu seinem Nachbarn hinüber auf den Hof und frage diesen, warum er den Korb voller Äpfel zurückerhalten habe. Der gütige Nachbar antwortete: »Man gibt immer nur das, was man in seinem Herzen trägt.«

Übung 31
Dem anderen zuhören

Darum achte in nächster Zeit darauf, was die Menschen deiner Umgebung so alles von sich geben. Das passiert von ganz allein, wir reden alle immerfort über andere. Alles, was du also tun musst, ist, deine Ohren spitzen. Wo stellt jemand mit Worten sinnbildlich einem anderen Menschen Pferdeäpfel vor dir Tür? Wer oft schlecht über andere redet, der fühlt sich sicher nicht gerade wohl in seiner Haut.

Wenn etwa eine Freundin sich dauernd beklagt, ihr Mann würde sie zu wenig beachten, könnte es sein, dass sie selbst ihren Bedürfnissen zu wenig Beachtung schenkt. Ein Mann, der über die Unfähigkeit seiner Kollegen schimpft, ist vielleicht selbst nicht wirklich gut in seinem Job. Beschwert sich jemand langatmig bei mir, seine Freundin würde viel zu viel reden, dann muss ich innerlich lächeln, denn sein Redeschwall stellt ihren noch in den Schatten. Prüf einfach einmal, wie viel Wahrheit darin steckt, wenn du Aussagen deiner Mitmenschen aus dieser Perspektive betrachtest.

Ein guter Freund von mir erzählte mir über seinen Vorgesetzen, der von ihm und den anderen Angestellten sehr viel verlangte. Immer machte er Druck und wollte noch bessere Ergebnisse. Das Arbeiten unter ihm war für meinen Freund wirklich kein Zuckerschlecken. Also erzählte ich ihm von dieser Übung, und er begann, seinem Chef auf den Mund zu schauen. Wenn dieser Mann seinen Mitarbeitern ständig in dieser Form Stress machte, wie musste es dann in ihm selbst aussehen? Ganz offensichtlich litt er unter der ständigen Belastung, die er sich selbst zufügte. Sein Körper zeigte es ihm durch anhaltende Herzprobleme, die er nicht loswerden konnte. Mein Freund meinte nach kurzer Betrachtung, mit diesem Vorgesetzten wolle er auf keinen Fall tauschen. Eher entstand nun Mitgefühl in ihm.

Weil ich mich liebe,
entwickle ich Mitgefühl für andere.

Sehe ich andere Menschen aus diesem Blickwinkel, dann kann ich ihnen nicht mehr wirklich böse sein. Ich kann sie für ihre Unart gar nicht mehr kritisieren, denn ich sehe, sie gehen ja selbst innerlich nicht gerade zimperlich mit sich um.

Menschen, die andere kritisieren,
kritisieren sich selbst.

Die Wäsche des Nachbarn

Ein frisch vermähltes Ehepaar zieht ins neue Eigenheim und wundert sich schon bald über die Nachbarn. »Schau mal«, sagt die Gattin zu ihrem Mann. »Die Wäsche, die die Nachbarin auf die Leine hängt, ist noch grau und nicht recht sauber. Sie sollte es unbedingt mit einem anderen Waschmittel versuchen.« Und so geht es weiter, wochenlang. Jedes Mal, wenn die Nachbarin ihre Wäsche zum Trocknen aufhängt, gibt die junge Ehefrau einen bissigen Kommentar von sich und klagt bei ihrem Mann darüber. Der Mann bleibt ganz ruhig und sagt nichts dazu. Dann, nach einer weiteren Woche, ist die Gattin sehr überrascht, denn plötzlich strahlt die Wäsche der Nachbarin in reinstem Weiß. Gleich erzählt sie es am Abend ihrem Mann. Endlich hat diese Frau gelernt, ihre Wäsche wirklich rein zu waschen! Wie hat sie das nur gelernt? Darauf erwidert ihr Mann: »Ich kann es dir sagen. Heute Morgen bin ich früher aufgestanden und habe unsere Fenster vor der Arbeit geputzt.«

Ganz offensichtlich hat die Kritik am anderen etwas mit mir selbst zu tun. Wenn ich damit anfange, mich immer mehr selbst zu lieben, spüre ich, dass die Kritik am anderen mir selbst nicht guttut. Meine Selbstliebe wird so groß, dass sie langsam, aber sicher zu den Menschen meiner Umgebung hinüberschwappt. Der Brunnen meiner Selbstliebe läuft über und versorgt die Menschen um mich herum. Meine Selbstliebe führt dazu, dass, wie in der Geschichte mit der Wäsche des Nachbarn, meine Fenster immer sauberer werden und ich die Menschen immer genauer sehen kann. Ich sehe ihre Schwächen, aber ich erkenne dahinter auch ihre Stärken und guten Seiten.

Weil ich mich liebe,
werde ich gütiger mit anderen.

Dort, wo die Liebe fehlt, fehlt es vor allem an Akzeptanz. Je mehr ich mich liebe, desto mehr akzeptiere ich andere. Die Akzeptanz meiner eigenen Unvollkommenheiten und Fehler zeigt sich mir direkt daran, dass ich über die Fehler der anderen hinwegsehen kann. Ich erkenne plötzlich eigene Schwächen, die ich vorher übersehen habe.

Die zehn Esel

Einmal ging Nasruddin auf einen Basar, um Esel zu kaufen. Bald schon wurde er mit einem Händler einig und kaufte sogleich zehn Grautiere. Er setzte sich auf einen dieser neu erworbenen Freunde und führte die anderen an der Leine mit sich. Auf dem Weg nach Hause freute er sich über den Kauf und begann, seine Esel zu zählen. Er zählte aber nur neun. Entrüstet machte er kehrt und trabte zum Basar zurück, um den Händler zur Rede zu stellen. Wie unverschämt, ihm nur neun Esel zum Preis von zehn zu verkaufen! Dort angekommen, schimpfte er den Händler einen Betrüger. Dieser entgegnete: »Was willst du, Freund, ich sehe sogar elf Esel, einen hast du sogar umsonst bekommen!« Nasruddin verstand schließlich und bat ihn um Entschuldigung.

Je mehr ich andere akzeptieren kann,
desto besser akzeptiere ich mich selbst.
Je mehr ich andere ablehne,
desto mehr lehne ich mich selbst ab.

Nun möchte ich dir drei Übungen vorstellen, mit deren Hilfe es dir gelingen kann, besser mit schwierigen Mitmenschen umzugehen. Denk daran, es geht dabei um deine eigene Selbstliebe! Wenn du den anderen besser annehmen kannst, gehst du auch mit dir selbst pfleglicher um. Mit welchen Menschen deiner Umwelt hast du gerade ein Problem? Ganz sicher gibt es da einige. Wie wäre es, an diesen Menschen deine Herzensaugen weiterzuentwickeln?

Übung 32
Das Gute erblicken

Diese Übung ist von der Montessori-Pädagogik inspiriert. Hier verfährt man nach dem Ansatz, besonders die Stärken eines Kindes hervorzuheben. Damit werden diese guten Seiten genährt und können wachsen. Die Schwächen werden einfach nicht so wichtig genommen. Wähle dir darum einen Freund, Kollegen oder Bekannten aus, mit dem du gerade ein Problem hast. Jetzt schau ihn dir doch einmal unter diesem neuen Gesichtspunkt näher an. Okay, er ist ein Trottel und eine Nervensäge. Aber was kann er richtig gut? Wo hat er eine besondere Begabung? Nimm dir ein Blatt Papier und schreib bitte mindestens drei Stärken und Begabungen dieses Menschen auf. Entdecke das Genie in ihm.

Diese Übung erinnert mich an ein Fernglas. Wenn du hindurchschaust, kannst du an der Stellschraube drehen und das Bild größer machen. Genauso sehen wir Menschen an, die wir nicht mögen. Wir sind von ihren Macken und Zickereien geradezu hypnotisiert. Um das Gute sehen zu können, drehen wir die Stellschraube einfach zurück und sehen über die problematischen Macken hinweg auf den ganzen Menschen. Dann endlich kann ich mich auf das Gute konzentrieren, so wie es die Lehrer in der Montessori-Schule bei ihren Schülern tun. Worauf wir uns fokussieren, das machen wir stark. Es ist allein unsere Entscheidung.
Selbstliebe erlaubt es uns, gütiger mit uns selbst zu werden. »Güte« kommt von »gut«: Wenn ich gütig bin, gebe ich das Gute weiter. Je mehr ich mir selbst gegenüber Güte entwickle, desto mehr ist in mir vorhanden. Und das, was in mir vor-

handen ist, steht mir zur Verfügung. Ohne Güte zu mir selbst wäre ich unfähig, andere Menschen gütig zu behandeln.

Die Güte in mir ist die Güte,
die ich verschenken kann.

Noch einen Schritt weiter in dieser Richtung gehen wir in der nächsten Übung. Wenn ein Mensch mich nervt, muss es ja irgendetwas mit mir selbst zu tun haben. Solange ich ihn ablehne, lehne ich etwas von mir selbst ab. Allein mich dies zum ersten Mal zu fragen, kann schon sehr nützlich sein.

Übung 33
Was zeigt mir der andere?

Manche Menschen sind so schwierig, dass es mir mitunter sehr schwerfallen kann, ihnen etwas Gutes abzugewinnen. Das gilt besonders, wenn wir jemanden ganz und gar nicht mögen. Hier kann die Frage helfen: »Was hat er, was ich nicht habe?« Denke dazu bitte ganz intensiv an diesen Menschen. Frage dich: »Was hat dieser Kerl, worum ich ihn beneide?« Gibt es etwas an ihm, was ich selbst mehr leben sollte? Ist dieser Mensch beispielsweise deiner Meinung nach zu stolz auf sich, solltest du vielleicht selbst stolzer sein. Findest du diesen Menschen zu cool, könntest du dir selbst vielleicht mehr Gelassenheit aneignen. Arbeitet er deiner Meinung nach zu langsam, dann solltest du selbst genauer und akribischer werden.

Weil ich mich liebe,
sehe ich das Gute im anderen.

Es gibt unzählige weitere Beispiele. Wenn ich finde, dass jemand zu viel redet, traue ich mich selbst vielleicht nicht. Ist jemand sehr modisch und auffällig gekleidet, traue ich mich selbst nicht, auffallend zu sein, und verstecke mich lieber unter meiner Tarnkappe. Ist meiner Meinung nach jemand zu selbstbewusst und sagt immer, was er will, dann bin ich vielleicht selbst nicht mutig genug. Von wem könnte ich mir noch eine Scheibe abschneiden? Versuch einfach, hinter die Fassade des anderen zu blicken und das Gute an ihm zu sehen. Jeder Mensch birgt etwas Besonderes. Selbst der größte Trottel kann noch dazu gut sein, mir als leuchtendes Beispiel zu dienen. Entdecke auch an ihm Dinge, die es zu bewundern gilt.

Nun mag es immer noch einige Kandidaten in deinem Leben geben, denen du bei aller Mühe nichts Gutes abgewinnen kannst. Wir könnten es aber auch als deine Unfähigkeit ansehen, den anderen anzunehmen, oder? Im vorigen Kapitel haben wir in Übung 27 die eigene Schwäche ins Herz genommen, um sie zu verwandeln. Um andere Menschen akzeptieren zu können, bei denen uns dies besonders schwerfällt, hilft darum diese Übung ebenfalls. Nur geht es diesmal nicht um meine eigene Schwäche, sondern um die eigene Unfähigkeit, den anderen anzunehmen. Was ja eigentlich wieder eine Schwäche in Verkleidung ist.

Übung 34
Ich nehme meine Unfähigkeit in mein Herz

Beginne zunächst damit, die Liebe in deinem Herzen zu entzünden. Nimm deinen Atem zur Hilfe und spüre die wachsende Wärme in deiner Hand. Suche dir nun einen Menschen aus, bei dem du völlig genervt reagierst. Was, denkst du, ist die schlimmste Eigenschaft dieses Menschen? Gestehe dir ein: Du bist vollkommen unfähig, diese Unart zu akzeptieren. Hier kannst du einfach unmöglich gütig sein. Nun, was dir nicht gelingt, gelingt womöglich deinem Herzen und deiner Liebe. Leg deine Unfähigkeit in den Glutofen deines Herzens und schau zu, wie sie schmilzt. Langsam löst sie sich vor deinem inneren Auge auf und verwandelt sich. Hat deine Unfähigkeit eine neue Form bekommen? Oder hat sie sich einfach aufgelöst? Beides ist in Ordnung. Wie ist dein Gefühl nun, diesem Menschen gegenüber? Hat sich etwas verändert in deiner Einstellung? Beende diese Übung, wenn es sich für dich richtig anfühlt.

Wieder nutzen wir hier die große verwandelnde Kraft der Liebe. In einem Ferienseminar im Schwarzwald hatte eine Teilnehmerin namens Gerda das Thema, in ihren Partnerschaften immer wieder nach demselben Schema zu verfahren. Bereits mehrmals war sie mit einem Mann zusammen gewesen, der zunächst nicht so recht nach ihrem Geschmack war. Erst mit der Zeit wurde sein Verhalten besser und so, wie Gerda es gern hatte. Aber genau dann trennte sie sich jedes Mal von diesem Mann! Was konnte die Ursache sein? Gerda war zunächst noch völlig unfähig, ihr Verhalten zu verstehen.

Wir besprachen ihre Situation und fanden heraus, dass Gerda es einfach nicht ertragen konnte, wenn sie bekam, was sie wollte. Für sie war es unerträglich, in einer Beziehung wirklich zu erhalten, was sie sich am meisten ersehnte. Man könnte sagen, im Grunde ertrug sie die Liebe dieser Männer nicht. Lieber trennte sie sich und lief davor weg. Bisher war es ihr noch nicht gelungen, einen Mann anzunehmen, der sie liebte.

Wieder machten wir in der Gruppe das Ritual, diesmal für Gerda. Wir entzündeten das Feuer der Liebe in unseren Herzen und übergaben ihre und unsere Unfähigkeit dem Feuer, in der Beziehung vom anderen anzunehmen, was wir am liebsten haben wollten. Wir übergaben die Unfähigkeit dem Feuer, die Liebe eines anderen Menschen nicht ertragen zu können. Gerda selbst gelang dieses Ritual ebenfalls sehr gut. Es ging ihr daraufhin schon besser, und sie bedankte sich bei allen.

Tags darauf musste sie zur Apotheke, da sie ein Medikament bestellen wollte. Das Ritual des Vortages hatte sie sehr lebendig gemacht, und sofort begann sie ein Gespräch mit der Apothekerin. Nach kurzer Zeit betrat ein weiterer Kunde den Raum, der alleinstehende Nachbar der Apothekerin. Sie redeten eine Weile zu dritt, und es war offenkundig, dass die Apothekerin die beiden miteinander verkuppeln wollte. Gerda erzählte lachend im Seminar, der Mann habe ihr wirklich gut gefallen. Aber eigentlich wollte sie ja gar keine neue Beziehung und hatte dies der Apothekerin auch ganz klar gesagt. Diese erwies sich jedoch als hartnäckig und meinte nur, sie hätte schon ganz andere Pärchen zusammengebracht. Gerda musste grinsen, als sie es uns erzählte. Mit ihr war irgendetwas geschehen. Es hatte sich tatsächlich etwas in ihr verändert.

Ins Herz und in die Liebe zu gehen hat also tatsächlich einen großen praktischen Nutzen. Liebe hat wirklich die Kraft, unsere inneren Blockaden aufzulösen. Alles, was wir dazu tun müssen, ist, in unser Herz gehen und ihr die Gelegenheit geben, für uns in ihrem besten Sinne zu wirken.

Diese Übung hat mir selbst schon oft gute Dienste erwiesen. Auch ich stelle immer wieder verwundert fest, dass ich in meinem Umfeld auf Menschen treffe, deren Verhalten ich einfach nicht annehmen kann. Zum Beispiel schickte mir kürzlich ein anderer Buchautor, mit dem ich locker befreundet bin, sein neues Buch mit der Post zu und bat mich, doch bitte gleich Werbung dafür zu machen. Nun gut, dachte ich mir, da hat offenbar jemand ein sehr gesundes Selbstbewusstsein. Ich schaute das Buch durch und fand es leider nicht empfehlenswert. Als wir eine Weile später telefonierten, kam dies zur Sprache, und der Bekannte wurde tatsächlich sauer. Er dachte, er hätte irgendwie Anspruch darauf, dass ich Werbung für ihn machte. Ich hielt freundlich dagegen, dass ich nur Bücher empfehlen möchte, hinter denen ich wirklich mit vollem Herzen stehen kann. Und ich bat ihn um Verständnis. Er blieb ärgerlich und legte auf. Hatte ich schon erwähnt, dass Menschen oft nicht damit umgehen können, wenn sie ein Nein bekommen?

Zuerst konnte ich diesen Bekannten gar nicht verstehen. Ich war völlig perplex. Also sah ich mich gezwungen, meine eigene Unfähigkeit mittels der zuletzt beschriebenen Übung anzunehmen. Ich nahm dieses Unvermögen in mein Herz und vertraute darauf, dass sich alles zum Guten wenden würde. Ganz sicher gab es eine Möglichkeit, auch mit diesem Verhalten besser umzugehen. Und es geschah tatsächlich etwas. Kurz danach hörte ich zufällig über Freunde, dass mein Bekannter wegen der Trennung von seiner Frau sehr angespannt war. Wir redeten dann eine Woche später noch einmal ruhig am Telefon darüber und konnten den Streit beilegen. Für mich war die Sache damit erledigt.

Weil ich mich liebe,
verzeihe ich anderen.

Ich habe dem Kollegen also verziehen. Selbstliebe zeigt sich daran, dass ich immer weniger nachtragend bin. Nachtragend ist ja für sich schon ein wunderbares Wort, denn ich habe selbst schwer daran zu schleppen, wenn ich jemandem in Gedanken schwere Gewichte hinterhertrage. Wie sollte es mir gut gehen und leicht ums Herz sein, wenn ich mich so schwer belaste? Güte schenkt mir stattdessen eine große Leichtigkeit im Herzen.

Wieder gilt der Satz: Ich kann dem anderen nur geben, was mir selbst zur Verfügung steht. Wenn ich dem anderen seine Fehler verzeihen kann, erkenne ich dies daran, dass ich auch mit mir selbst weniger kritisch umgehe. Wenn es mir gelingt, anderen zu verzeihen, mache ich mir selbst immer weniger Vorwürfe.

Weil ich mich liebe,
verzeihe ich mir.

Umgekehrt ist klar: Das trotzige Kind zu spielen und ewig und drei Tage nachtragend gegenüber den bösen Verfehlungen der anderen zu sein, stellt viel zu hohe Anforderungen an mich selbst – und an die anderen. Niemand ist perfekt, am allerwenigsten derjenige, der von anderen ständig Perfektion einfordert. Wer so hohe und unerfüllbare Erwartungen an andere stellt, der stellt sie auch an sich selbst. Wenn ich lerne, anderen leichten Herzens ihre Schwächen zu verzeihen, dann ist dies ein Signal für mich, mit mir und meinen Fehlern immer spielerischer und leichter umgehen zu lernen.

Übung 35
Ich blicke voller Güte zurück

Also, Hand aufs Herz: Wo bist du noch beleidigt und trägst Groll gegenüber einem anderen Menschen mit dir herum? Wenn du an Geschehnisse deiner Vergangenheit denkst, gibt es dort sicher noch einige Momente, über die du bis heute Ärger verspürst. Geh darum in deinem Leben gedanklich zurück. Wo bist du heute noch der Meinung, jemand hätte sich dir gegenüber falsch oder schlecht verhalten? Wo fühlst du dich noch heute verletzt? Betrachte diesen Menschen mit neuen Augen. Gab es auch etwas Gutes an dieser Auseinandersetzung? Was hast du dabei lernen dürfen? Versuche, mithilfe deiner heutigen Lebenserfahrung gütig auf die vergangene Zeit zurückzublicken. Gelingt es dir bereits, diesem Menschen zu verzeihen? Wenn nicht, dann heile deine Unfähigkeit, diesen Menschen anzunehmen, durch die Liebe deines Herzens wie in der letzten Übung. Tu es mehrmals und immer wieder, bis du das Gefühl bekommst, etwas wird leichter und hat sich verändert. Sei dir gewiss, es lohnt sich. Mit dieser Übung gelingt es dir, seelischen Ballast abzuwerfen, den du viel zu lange mit dir herumgetragen hast.
Wenn ich immer wieder an Vergangenes zurückdenke, dann halte ich mich sinnbildlich noch daran fest. Solche Gedanken sind wie Taue, die das Schiff meines Lebens noch immer an

die Kette legen. Ich raube mir so selbst kostbare Energie, die ich im Hier und Jetzt gut für etwas Besseres gebrauchen könnte. Erst wenn wir dem anderen Menschen wirklich seine Fehler von damals verzeihen, kann der Wind unsere Segel erfassen und unser Schiff zu einem neuen Hafen tragen. Es ist nie zu spät für eine Aussöhnung mit der Vergangenheit!

Wenn es uns gelingt, anderen wie auch uns selbst immer mehr zu verzeihen, dann integrieren wir Teile von uns, die wir bisher als Schwächen abgelehnt haben. Wenn wir andere in ihren Mängeln akzeptieren, nehmen wir unsere eigenen Unvollkommenheiten immer mehr an. Als Menschen sind wir in unserem Wesen nicht wirklich verschieden, sondern ähneln uns in unseren Grundmustern sehr. Jeder von uns kennt Angst, Wut, Neid, Groll und all die anderen Gefühle, die uns belasten können.

Und das ist gänzlich unabhängig davon, ob wir männlich oder weiblich auf die Welt gekommen sind. Selbst der angebliche Krieg zwischen Mann und Frau resultiert vor allem daraus, dass wir uns selbst nicht genug kennen und darum unseren eigenen Schatten auf das andere Geschlecht und andere Menschen projizieren. Schon die Bibel sagt: »Du siehst wohl den Splitter im Auge deines Nächsten, aber den Pfahl in deinem eigenen, den siehst du nicht!« C. G. Jung hat wie kaum ein anderer auf diese Tatsache hingewiesen. Von ihm stammt die wunderbare Idee, dass jeder Mann eine weibliche Seite in sich trägt, die er als Anima bezeichnete und die er in sein Wesen integrieren soll. In ebensolcher Weise besitzt jede Frau einen männlichen Wesensteil, den er Animus nannte. Für Jung war das oberste Ziel jedes Menschen, diese beiden Seiten anzunehmen und zu lieben, um schließlich beide in einer inneren »alchymischen Hochzeit« zum Brautpaar werden zu lassen. Ausgangspunkt für diesen inneren Prozess ist aber die

Arbeit an uns und unserem Selbst, um immer mehr den ungeliebten Anteil in uns anzunehmen und uns so immer einen weiteren kleinen Schritt hin zu dem weiterzuentwickeln, was wir wirklich sind. Mehr davon im nächsten Kapitel.

Weil ich mich liebe, akzeptiere ich auch andere, wie sie sind

Selbstliebe geht über mich und die eigene Person hinaus. Wenn ich meinen Fehler an mir verurteile, dann ist auch jeder anderer Mensch mir nicht gut genug. Ich gehe immer so mit anderen Menschen um wie mit mir selbst und umgekehrt. Der Fehler, den ich am anderen kritisiere, spiegelt mir nur meinen eigenen. Wenn ich lerne, den anderen anzunehmen, wie er ist, dann öffne ich eine Tür, um mich selbst genauso mit allen Unarten lieben zu lernen. Hier ist der Schlüssel zu wirklicher Selbstliebe versteckt. Im Spiegel des anderen sehe ich mich immer nur selbst. Weil ich mich liebe, höre ich darum auf, schlecht über andere zu reden. Je mehr ich andere akzeptiere, desto mehr akzeptiere ich mich selbst. Und damit meine eigenen Schwächen.

Der siebte Schritt zur Selbstliebe:

Glück

*Weil ich mich liebe,
liebt das Leben mich zurück*

Mensch, was du liebst,
in das wirst du verwandelt werden.
    – Angelus Silenius

Nasruddins Verwirrung

Eine seiner Reisen führte Nasruddin nach Bagdad. Solch eine große Stadt hatte er noch nie erblickt. In den vielen Gassen und Straßen drohte er sich zu verirren. Also sagte er zu sich: »Ich muss mich gut im Auge behalten, sonst werde ich mich in diesem Wirrwarr verlieren.« Abends suchte sich Nasruddin eine Herberge. Wie der Zufall es wollte, war sein Zimmernachbar für diese Nacht ein stadtbekannter Spaßvogel. Nasruddin erzählte ihm von seiner Furcht, sich zu verlieren. Er hatte Angst, sich nach der langen Nacht nicht mehr wiederfinden zu können. Da gab ihm der Spaßvogel den Rat: »Nimm diesen bunten Schal hier von mir und binde ihn dir ans Bein. Und wenn du morgen wach wirst, dann suchst du einfach nach dem Mann, der diesen bunten Schal trägt. Und der bist du dann.« Nasruddin war begeistert von dieser Idee und tat, wie ihm befohlen. Der Spaßvogel wartete, bis Nasruddin wohlig eingeschlafen war, und band dann den Schal an sein eigenes Bein. Als Nasruddin am Morgen erwachte, suchte er zuerst eifrig nach dem Schal und fand ihn am Bein seines Bettnachbarn. »Aha«, dachte er, »das bin also ich.« Und er betrachtete nachdenklich den Spaßmacher. Dann erschrak er zutiefst und weckte den anderen Mann. »Was für eine dumme Idee mit diesem Schal war das doch von dir. Ich sehe, du trägst den Schal, also musst du ich sein. Aber wenn du nun ich bist, wer in aller Welt bin dann ich?« Und er blickte verstört an sich selbst herab.

Nun sind wir schon viele Schritte gemeinsam auf dem Weg der Selbstliebe gegangen. Es ist dabei klar geworden, wie wichtig es ist, gut auf uns zu achten, auf unsere Gefühle und unsere Intuition zu hören und auch einmal Nein zu sagen, wenn wir uns selbst immer mehr lieben wollen. In den letzten beiden Kapiteln wurde außerdem die große Rolle von Annahme und Akzeptanz unserer eigenen Schwächen deutlich, wie auch der gütige Umgang mit den Fehlern unserer Mitmenschen.

In diesem letzten und siebten Schritt widmen wir uns nun der Liebe selbst. Ich möchte dir hier eine Idee davon vermitteln, was Liebe ist und warum sie so sehr im Mittelpunkt unseres Lebens steht. In Grunde gibt es drei Beziehungen, die wir im Leben aufbauen können. Die erste ist die Beziehung zu uns selbst. Um sie drehten sich vor allem die in den ersten vier Kapiteln vorgestellten Themen der Selbstliebe. Dann folgt die Beziehung zu anderen Menschen, zu unserer Umwelt. Sie wurde vor allem in den Kapiteln fünf und sechs betrachtet, um zu zeigen, wie eng die Liebe zu uns selbst mit dem Umgang mit anderen Menschen verbunden ist.

Nun folgt als Meisterprüfung unsere dritte und wichtigste Beziehung, nämlich diejenige, die wir zu unserem Leben als solchem haben. Sie zeigt sich an unseren Einstellungen, die wir innerlich zu den Geschehnissen unseres Alltags aufbauen. Der springende Punkt ist dabei: Unsere Einstellung dem Leben gegenüber hängt weitgehend von uns selbst ab. Und zwar genauer gesagt von dem Grad, in dem wir uns selbst zu lieben gelernt haben. Wir haben bereits feststellen dürfen: Wenn ich mich selbst liebe, ist meine Beziehung zu mir in Ordnung. Und in der Folge wird auch meine Beziehung zu anderen Menschen immer besser. Was liegt also näher, als anzunehmen, dass durch meine gesteigerte Selbstliebe auch meine Be-

ziehung zum Universum immer besser wird? Gibt es eine
bessere Umschreibung für das Wort Glück? Glücklich sind
wir genau dann, wenn unsere Beziehungen uns glücklich machen. Wenn wir unser Glück an andere weitergeben dürfen.

*Durch Selbstliebe werden meine Beziehungen
immer besser. Und damit wird mein persönliches Glück
immer größer.*

Je mehr wir unser Herz dem Leben gegenüber öffnen, desto
mehr fließt auch die Liebe des Universums zu uns zurück.
Und desto mehr fühlen wir uns immer mehr beschenkt und
glücklich. Wir empfinden uns mehr und mehr als geliebtes
Kind des Universums. Um in diesem siebten Schritt auf der
obersten Stufe anzukommen, schauen wir zuerst einmal genauer beim Thema Liebe hin. Was ist Liebe eigentlich? Und
was könnte sie wohl mit dem tieferen Sinn unseres Lebens
zu tun haben? Wenn ich schon so merkwürdig frage, ist dir
sicher klar: Hier könnte es einen Zusammenhang geben.

Die Suche nach einem höheren Sinn im Leben ist so alt wie
die Menschheit selbst. Wer sind wir Menschen überhaupt?
Und warum sind wir hier, auf dieser Erde? Als eine mögliche
Quelle von Antworten darauf diente bereits im alten Grie-
chenland das berühmte Orakel von Delphi. Über seinem Ein-
gangstor standen die Zeilen »Erkenne dich selbst«, das schon
als Denkanstoß in dieser Richtung verstanden werden kann.
Der Sage nach suchten die Menschen des Altertums bei diesem Orakel Rat und Weisheit.
Diese Aufforderung, mich selbst zu verstehen und zu hinter-
fragen, kann von meinem Verstand auf viele Arten beant-
wortet werden. Zum Beispiel könnte ich sicherlich mit Fug

und Recht von mir behaupten, Autor, Seminarleiter, Familienvater, Hobbygärtner, passionierter Koch, Mann, Katzenfreund und vieles andere mehr zu sein. Diese Liste meiner Eigenschaften ließe sich beliebig verlängern. Jeder Punkt auf dieser Liste wäre vergleichbar mit einem Puzzlestück, aus dem ich auch noch bestehe und das ein Teil von mir ist. Je mehr ich aber immer noch weitere Eigenschaften und Merkmale an mir entdecke und erkenne, desto umfangreicher und vollständiger wird das Puzzle. Und bald blicke ich gar nicht mehr durch. Die Aufgabe, mich selbst zu erkennen, wird zu einem gordischen Knoten, der unmöglich aufzulösen ist. Jedenfalls mit dem Verstand. Eine Antwort kann mir jedoch mein Herz, mein Inneres, geben.

Nähere ich mich dieser Aufgabe nämlich mit meinem Gefühl und nutze meinen Herzensverstand, dann kann ich eine Antwort entdecken, die jenseits der verstandesmäßigen Logik existiert und die darum vollständig anders sein kann. Um mich selbst zu erkennen, hat das Universum mir eine ganze Menge Begleiter mit auf den Weg gegeben, an denen ich wachsen und an denen ich mich spiegeln kann. Es sind die Menschen meiner Umwelt. Das vorige Kapitel handelte genau davon, und seine Quintessenz könnte lauten: So, wie ich den anderen Menschen betrachte, sehe ich mich selbst.

Die Liebenden

Der Liebende trat an die Tür der Geliebten. Er klopfte an und bat darum, eingelassen zu werden. Von innen war die Stimme der Geliebten zu hören: »Wer ist da?« Der Liebende sagte voller Vorfreude: »Ich!« Da erklang von innen die Antwort: »Ich bin doch schon hier drin!« Und der Liebende wurde abgewiesen. Also machte er sich auf eine lange Reise, suchte Weisheit bei vielen

Lehrern und kehrte erst viele Jahre später an die Tür der Geliebten zurück. Wieder klopfte er an und begehrte erneut, eingelassen zu werden. Von innen war dieselbe Stimme der Geliebten zu hören, die fragte: »Wer ist da?« Und der Liebende sagte schüchtern: »Du!« Da wurde ihm die Tür geöffnet.

Nasruddins Verwirrung am Anfang dieses Kapitels handelt von dieser Thematik. Wer um alles in der Welt bin ich? Und seine Antwort, so verwirrend sie unserem Verstand erscheinen mag, lautet: Du!

Von Mahatma Gandhi ist der Ausspruch überliefert: »Du und ich, wir sind eins. Ich kann dir nicht wehtun, ohne mich selbst zu verletzen.« Auf der Ebene der Gefühle sind wir als Menschen sehr innig miteinander verbunden. Der andere Mensch und ich bilden eine gefühlsmäßige Einheit, in der wir miteinander schwingen und aufeinander einwirken. Wenn ich dir etwas zuleide tue, kann es mir selbst dabei nicht gut gehen. Viele Kulturen, die noch eng mit ihren Wurzeln und der Natur in Kontakt stehen, sind sich dessen bewusst. Sie befinden sich viel mehr in Einklang mit ihrem Universum als unsere westliche, kultivierte Welt. Hier können wir als moderne Menschen vieles neu entdecken, was unseren Urvätern noch selbstverständlich war. Denn bei diesen alten Kulturen ist die Beziehung zu ihrem Universum noch intakt.

Der Wettkampf

Ein Anthropologe bereiste die Savannen Afrikas, um die verschiedenen Kulturen kennenzulernen. Einmal forderte er Kinder des Stammes der Xhosa zu einem Spiel auf. Es war ein Wettlauf. Dasjenige Kind, das zuerst an einem großen Baum in der Nähe ankommen würde, sollte einen Korb voller süßer Früchte bekommen. Der Forscher staunte nicht schlecht, denn kaum war der Start erfolgt, reichten sich alle Kinder die Hände und liefen zusammen, sodass sie alle gemeinsam den Baum erreichten. Alle hatten gewonnen. Schmatzend teilten sie den Gewinn untereinander auf. Der Forscher wurde natürlich neugierig und fragte, warum sie gemeinsam gelaufen waren anstatt gegeneinander. Die Kinder antworteten mit dem Xhosa-Wort »Ubuntu«, was so viel bedeutet wie: »Ich bin, weil wir sind.« Sie fragten den Forscher daraufhin selbst: »Wie sollte einer von uns glücklich sein können, wenn alle anderen unglücklich sind?«

Glück ist damit eine wesentliche Größe, die dann entsteht, wenn wir in Gemeinschaft mit anderen Menschen sind. In einer Gruppe, wie bei diesen Kindern in Afrika, schauen wir in das lachende Gesicht unseres Freundes und spüren erst so, wie Glück sich anfühlt.

Unser eigenes Glück wird uns erst dann bewusst,
wenn auch die Menschen um uns glücklich sind.

Die Liebe von uns Menschen untereinander bekommt damit einen völlig neuen Stellenwert. Sie verbindet uns emotional so eng miteinander, dass wir einfach nicht glücklich sein können, wenn es unserem Nächsten schlecht geht. Gleich streben wir darum danach, es möge auch ihm bald wieder besser gehen.

Im Spiegel des anderen Menschen lernen wir die Wirkprinzipien der Liebe erst richtig kennen. Darum ist die erotische Liebe zwischen zwei Menschen auch so ein wunderbarer und himmlischer Trick der Schöpfung. Sie führt uns als Paar zusammen, und es gelingt ihr oft, uns trotz vieler Gegensätzlichkeiten und Reibungsverluste auf lange Zeit zu vereinen. Die Liebe wirkt als magnetische Kraft zwischen uns, damit wir unsere Krisen gemeinsam überstehen und damit Zeit gewinnen, den anderen wirklich in seinen Eigenheiten kennenzulernen. Um uns selbst dabei immer einen Schritt näherzukommen.

Das beste Mittel, sich kennenzulernen,
ist der Versuch, andere zu verstehen.
– Clemens von Brentano

Wenn ich die Abstoßungstendenz meines Egos überwinde, die immer wieder vor dem Partner weglaufen möchte, lerne ich, den anderen so anzunehmen, wie er nun einmal ist. Dabei wirkt die Liebe wie ein Klebstoff, der uns zusammenhält. Nur so werden wir die Liebe wirklich erfahren. Ja, mein Partner/meine Partnerin wird mich frustrieren, enttäuschen, ärgern und ganz sicher immer wieder auf die Palme bringen. Dazu lässt sich nur sagen: Willkommen in der Wirklichkeit! Oder wie die Kölner sagen: Jeder Jeck ist anders. Jeder von uns ist offensichtlich auf seine ganz spezielle Weise ein wenig verrückt. Eine nette Frage bei Speeddatings könnte darum abkürzend sein: »Na, und auf welche Weise bist du denn eigentlich bekloppt?«
Die Liebe kann verzeihen und alle Missverständnisse und Anfechtungen dieser Art überwinden. Denn die Liebe akzeptiert alles. Ich nehme die Verrücktheiten meines Partners an und akzeptiere damit klammheimlich meine eigenen. Über die Liebe zum Partner finde ich zur Akzeptanz meiner eigenen Schwächen. Schließlich finde ich über die Brücke der

Liebe zu meinem Partner an mein eigentliches Ziel: die Liebe zu mir selbst.

Die Liebe ist der Weg und das Ziel.

Wie genial ist das denn! Um mich selbst besser kennenzulernen, dient mir die Liebe zu meiner Partnerin/meinem Partner. So gut, wie es mir gelingt, sie oder ihn zu lieben, liebe ich mich selbst. (Ich kann nur geben, was mir selbst zur Verfügung steht, erinnerst du dich?) In unserer Beziehung lerne ich den Partner mit all seinen Macken lieben, und je mehr ich ihn akzeptiere, desto mehr nehme ich mich selbst an. Schließlich, wenn es mir gelingt, ihn zu lieben, wie er ist, liebe ich auch mich, wie ich nun mal bin. Dann bin ich am Ziel meiner Reise angekommen. Ich liebe mich selbst. Oder, mit anderen Worten: Ich bin die Liebe geworden. Ich habe sie in mir entdeckt und kann sie darum zum Guten nutzen. Mein Herz ist dem Leben gegenüber offen und frei.

Wo Liebe ist,
da ist der Sinn des Lebens erfüllt.
– Dietrich Bonhoeffer

Über die Brücke des Partners finden wir zu uns selbst und zu dem, was wir im Grunde sind: Liebe. So unterschiedlich wir auch alle sein mögen, jeder von uns trägt die Liebe im Herzen. Egal, welcher Kultur, Religion oder welchem Staat er angehört. Egal, welches Alter, egal, welcher Intelligenzquotient. Wir alle haben das Potenzial, die Liebe in unserem Herzen zu aktivieren. Wir müssen es nur tun. Die Antwort auf die Frage »Wer bin ich? Was ist der Sinn meines Lebens?« kann darum von jedem von uns in derselben Weise gegeben

werden: Liebe. Im Grunde unseres Herzen sind wir Liebe.
Wir wissen es nur vielleicht noch nicht.

In meinen Seminaren zur Selbstliebe steht diese Erfahrung
im Mittelpunkt. Es fällt uns schwer, verstehen zu können,
dass uns die Liebe im Herzen zur Verfügung steht. Ganz einfach, weil wir beim Wunsch, verstehen zu können, im Kopf
sind und damit nicht im Herzen sein können. Darum bringe
ich die Teilnehmer immer wieder mithilfe der Übungen in
diesem Buch ins Herz. Jetzt, da wir gemeinsam einige Erfahrungen gesammelt haben, können wir uns endlich beim
Kontakt zum eigenen Herzen der Liebe selbst zuwenden.
Wie ist es, in der Liebe zu sein?

Übung 36
Deine Liebe atmen

Tritt wieder, wie du es schon gewöhnt bist, zuerst in Verbindung zu deinem Herzen. Lege bitte beide Hände auf dein
Herz und spüre die Wärme, die entsteht. Dann entzünde das
Feuer der Liebe in deinem Herzen, indem du ins Herz atmest
und mit deinem Atem wie bei einem Blasebalg ganz sachte
die Glut deines Herzens entfachst. Bald schon ist dir richtig
warm ums Herz. Kleine Funken und Lichter steigen aus der
Glut auf und setzen sich wie Sterne oder Glühwürmchen auf
die Innenwand deines Herzens. Nun lade diese glitzernden
Funken auf deinem Herzen ein, sich mit deinem Einatmen
zu verbinden. Stell dir vor, wie das Leuchten deiner Liebe
einfach vom Atem aufgenommen wird und selbst zu leuchten beginnt. Dann sage dir: »Ich atme den Atem meiner Lie-

be aus und umhülle mich damit.« Stell dir dazu vor, wie der leuchtende Liebesatem durch deine Nase austritt und sich um dich ansammelt. Bei jedem Atemzug mehr und mehr. Bald bist du eingehüllt in eine Art Kokon aus Licht und Liebe. Mit jedem Ausatmen wird diese Hülle dichter und leuchtender. Wie fühlt es sich an, von deiner Liebe eingehüllt zu sein? Wie fühlt sich deine Liebe an?

Diese Übung schenkt jedem die Erfahrung, wie es ist, in Liebe zu sein. Jeder fühlt dabei etwas, auch wenn es sicher anfangs schwerfällt, dieses Gefühl zu beschreiben. In der Gruppe ist die Erfahrung meist stärker, da sich nach kurzer Zeit die Liebeskokons um die einzelnen Teilnehmer überlappen und darum die ganze Gruppe davon profitiert. Liebe multipliziert, erinnerst du dich?
Wenn du magst, praktiziere die Übung noch eine Zeit lang jeden Tag oder so oft du möchtest. Sie unterstützt dich dabei, deine Liebe kennenzulernen, und ist die beste Selbstliebepraxis überhaupt. Du schenkst dir damit deine eigene Liebe.
Im Seminar beginne ich gern mit dieser Übung, da sie sozusagen einen Raum der Liebe schafft, in dem sich jeder akzeptiert und angenommen fühlen kann. Akzeptanz ist für mich die beste Umschreibung für Liebe. Wenn ich mich liebe, akzeptiere ich mich, wie ich bin. Darum ist es ungemein wichtig, auch im Seminar gleich zu Anfang den Teilnehmerinnen und Teilnehmern das Gefühl zu geben, dass sie gut und richtig sind, genauso, wie sie sind. Nur in dieser Atmosphäre von Akzeptanz ist dann jeder bereit, sich und sein Herz zu öffnen.

Nur, wenn ich mich in einer Gruppe akzeptiert fühle, öffne ich ihr mein Herz und mich selbst.

Die verwandelnde Kraft der Liebe habe ich bereits bei der inneren Arbeit mit meinen Schwächen angesprochen. Hier kommt nun eine noch allgemeinere Fähigkeit der Liebe zum Vorschein. Menschen öffnen sich viel leichter, wenn sie sich von anderen akzeptiert und damit geliebt und angenommen fühlen. Fühlen sie sich stattdessen abgelehnt, dann verschließen sie sich, und die Liebe kann nicht wirken.

Nur im Grundgefühl von Akzeptanz kann die Liebe verwandelnd wirksam werden.

Die Wirkung von Liebe ist dabei langsam und dem einzelnen Menschen angepasst. Jeder wächst innerlich in die Liebe in seinem besonderen Tempo hinein. Manchmal habe ich selbst als Teilnehmer erlebt, wie ein Seminarleiter zu stark Einfluss nehmen wollte, um schnelle Ergebnisse und Einsichten bei der Gruppe erzielen zu können. Die Teilnehmer machen dann zu und verschließen ihr Herz. Druck erzeugt Gegendruck. Oder Schlimmeres.

*Jeder hat sein eigenes Tempo,
in die Liebe hineinzuwachsen.*

In diesem Zusammenhang muss ich immer wieder an meine Kinder denken. Sie sind jetzt schon sechzehn Jahre alt und damit halb erwachsen. Ich habe bereits erwähnt, wie wichtig es für mich war, meine eigenen Fehler zu akzeptieren, damit ich in der Folge dann auch liebevoll mit den Schwächen meiner Kinder umgehen konnte. Manchmal fragen mich andere Eltern, wie ich denn in meiner Erziehung mit ihnen umgehe. Wo helfe ich, wo lasse ich sie ihre eigenen Erfahrungen machen?

Meine Kinder sind wie Samenkörner, die der Himmel in den Garten der Eltern pflanzt. Meine Aufgabe als Gärtner ist es, die Samen gut zu betreuen. Etwas Humus hier, ein bisschen Wasser da. Wachsen tun die jungen Pflanzen dann von ganz alleine. Welche Blume, welches Wesen meine Kinder werden möchten, kann ich nur erahnen. Sie sollen sich frei entwickeln. Alles, was ich tue, ist, sie möglichst wenig zu beschneiden und einzugrenzen. Eben nur dort, wo es wirklich wichtig erscheint.

Tief in meinem Herzen bin ich davon überzeugt, dass meine Kinder, so wie alle Kinder, grundsätzlich gut und richtig sind. Ich kann sie nicht besser machen. In meinen Kindern ist so viel Gutes, dass ich manchmal selbst sprachlos vor ihnen stehe und staune. Es wäre darum aus meiner Sicht falsch, in ihre Entwicklung allzu viel eingreifen zu wollen. Der Himmel hat sich schon seine Gedanken gemacht, als er sie erschuf. Von meiner Seite braucht es darum nur kleine Hilfen.

Behandle alle Menschen so,
als wären sie, was sie sein sollten,
und du hilfst ihnen zu werden, was sie sein können.
– Johann Wolfgang von Goethe

Jeder Mensch hat dieses Gute von Geburt an in sich. Es steht jedem von uns immer und überall zur Verfügung. Nur – wir nutzen es nicht. Selbstliebe bedeutet mit anderen Worten, das Gute zuerst in uns und danach auch in anderen zu fördern. Das Gute hervorzuholen, was schon immer da ist.

Das ist wieder eine schöne Umschreibung für Liebe. Ich gebe Gutes, damit das Gute wachsen kann. Die Liebe, die ich gebe, wächst und wird mehr. Die Aufmerksamkeit und das Wohlwollen, das ich meinen Kindern schenke, es wird ihnen und auch mir zuteil. Denn selbstverständlich profitiere ich selbst sehr davon, wenn es meinen Kindern gut geht und sie zu selbstständigen und freien Erwachsenen werden. Die Liebe, die ich meinen Kindern schenke, gebe ich mir selbst. Ganz allgemein lässt sich sagen: Die Liebe, die ich anderen schenke, wird mir selbst zuteil.

Auf der Ebene der Liebe verschmilzt das »Ich« mit dem »Du«. Wenn der andere Mensch in meiner Nähe glücklich ist, dann bin ich es selbst. Darum höre ich damit auf, andere ständig zu kritisieren und abzuwerten. Liebe schenkt mir die Kraft, meinen Mitmenschen gut zu behandeln und wertzuschätzen. Liebe macht den anderen zu dem, was wirklich in ihm steckt. Und mich noch gleich dazu.

Die Liebe allein versteht das Geheimnis,
andere zu beschenken und dabei selbst reich zu werden.
— Clemens von Brentano

Die Gesetze der Liebe sind paradox. Da gebe ich etwas weg, und es kommt zu mir zurück? Wie soll das denn funktionieren? Wenn ich jemandem mein Fahrrad schenke, dann fährt er doch damit davon! Dann ist das Fahrrad doch weg! Ich vergleiche es gern mit einem Glas voll Wasser. Wenn es einfach so dasteht, passiert nichts damit. Gieße ich es stattdessen aus, um einem anderen Menschen damit den Durst zu löschen, spüre ich den Fluss des Wassers. Und ich spüre auch, wenn es wie von selbst wieder aufgefüllt wird. Jedes Mal, sooft ich es auch weitergebe und ausleere.

Liebe funktioniert wie ein Füllhorn.
Sie ist unerschöpflich und versiegt nie.

Darauf beruht die Magie der Liebe. Man muss es einfach ausprobieren, um es glauben zu können. Es ist wie ein Echo. So wie ich in den Wald hineinrufe, so schallt es zurück. Grundvoraussetzung ist aber die Praxis. Ich muss schon rufen. Sonst stehe ich ewig da und warte vergeblich. Also los!

Übung 37
Ich tue heute Gutes

Spielen wir doch einmal Füllhorn. Nimm dir für deinen morgigen Tag ganz fest vor, Gutes zu tun. Sieh dich dabei wie einen Schauspieler auf der Bühne. Morgen übst du dich in der Rolle des Gutgelaunten. Lächle die Menschen freundlich an. Hilf einem Kollegen bei einem Problem. Spendier einem Menschen neben dir im Restaurant einen Kaffee. Sprich ein paar nette Worte mit einer älteren Nachbarin. Alle werden sich freuen! Und wie geht es dir selbst dabei?

Warte ein paar Tage und achte auf das Echo. Vielleicht ist der Kollege besonders freundlich zu dir. Oder deine ältere Nachbarin bäckt dir einen Kuchen. Es kann auch sein, dass dir aus einer ganz anderen Ecke deines Lebens plötzlich etwas Nettes widerfährt. Das Universum ist unendlich kreativ. Manchmal schenkt es dir mehr, als du dir vorstellen kannst. Und aus ganz unerwarteter Richtung.

Schau doch mal, wie du selbst darauf reagierst, wenn jemand nett zu dir ist. Wirst du ihn nicht ebenfalls nett anlächeln? Wirst du nicht gleichfalls schauen, wie du ihm etwas Gutes tun kannst? Unsere ganze Gesellschaft beruht darauf. Unser

ganzes soziales Miteinander steht auf dieser wichtigen Säule:
Hilf und dir wird geholfen.

Kürzlich erzählte mir eine Freundin namens Christine von
einer Begebenheit in ihrem Alltag. Ihre S-Bahn war zur
Hauptverkehrszeit ausgefallen, und alle Reisenden wurden
in Bussen und Taxis weitertransportiert. Das Geschimpfe
war natürlich groß, und beim Einstieg in ein Taxi wurde
sogar eine ältere Dame mit Gehhilfe arg von ein paar Dräng-
lern gestoßen. Christine ging freundlich hin und sagte: »So,
und jetzt sind wir ganz freundlich und lassen die nette
Dame in ihr Taxi steigen.« Die Drängler verzogen sich be-
schämt, und Christine verstaute die Gehhilfe im Koffer-
raum des Taxis. Sie blieb ganz im Frieden mit der Situation
und akzeptierte, erst eine Stunde später zu Hause zu sein.
Denn was nutzte die ganze Aufregung, sie konnte die Situation nur besser machen, aber nicht ändern. Am nächsten
Tag fühlte sich Christine sehr beschenkt. Ein neuer Kollege
bot ihr an, sie nach Hause zu fahren, da er bei ihr in der
Nähe eingeladen war. Da sie einkaufen wollte, bat sie ihn,
sie beim Supermarkt abzusetzen. Als sie dann mit ihren
Einkäufen schwer bepackt zu Fuß nach Hause gehen wollte, kam ihre Nachbarin angefahren, hupte und nahm sie mit
bis vor ihre Haustür. Christine lächelte innerlich über diese
nette Rückmeldung des Universums. Und es kam noch besser. Christines fünfzigster Geburtstag stand kurz bevor, und
sie wollte zu gern ihre Mutter mit dabeihaben. Diese war
schon über achtzig und etwas gebrechlich, sodass sie gefahren werden musste. Für die Hinfahrt konnte Christine
selbst sorgen, für die Rückfahrt nach ihrem Geburtstagsfest
versuchte sie bei einem Taxiunternehmen ihr Glück. Der
nette Telefonist eröffnete ihr aber, dass die etwa 160 Kilometer weite Fahrt an die 240 Euro kosten würde. Das war

Christine deutlich zu viel. Also fragte sie freundlich, ob es nicht noch eine andere Möglichkeit gäbe. Der nette Telefonist sagte daraufhin zu ihr: »Na, das scheint mir ja eine echte Herzensangelegenheit zu sein, die Mutter zum Geburtstag dabeihaben zu können. Es ist jetzt eine Minute vor zwei, in einer Minute habe ich Feierabend. Bitte warten Sie einen Moment und bleiben Sie in der Leitung.« Christine tat wie befohlen und wartete. Der Telefonist meldete sich bald erneut und bot ihr an, dass er selbst die Mutter zurückfahren würde, da er im Wohnort der Mutter Verwandte hatte und sie bei dieser Gelegenheit einmal wiedersehen könnte. Er bat lediglich um die Erstattung der Spritkosten! Das tat Christine dann gern und gab ihm vor lauter Dankbarkeit gleich das Doppelte.

Weil ich mich liebe, gebe ich meine Liebe weiter.
Sie findet schon zu mir zurück.

In einem anderen Beispiel hatte sich Greta von ihrem Mann getrennt, trauerte der Beziehung aber noch lange nach. Ihr Exmann war nun mit einer ihrer Freundinnen zusammen, und Greta litt auch darunter, dass die Freundschaft zu dieser Frau darum nun beendet war. Irgendwann fasste sie sich ein Herz und akzeptierte endlich die Situation. Dies zeigte sich vor allem daran, dass sie sich von vielen Dingen der Vergangenheit mit ihrem Mann trennen konnte. So schwer es ihr auch fiel, Kleidung und Erinnerungsstücke ihrer vor zehn Jahren geschiedenen Ehe wegzugeben, sie spürte einfach, es war gut und richtig so. Dieser innere Frühjahrsputz führte bei ihr ganz unerwartet zu einer sehr erfreulichen Wendung. Nachdem ihre Wohnung aufgeräumt war und sie das Ende ihrer Ehe akzeptiert hatte, kam plötzlich die

Freundin und neue Frau ihres Exmannes wieder auf sie zu. Beide erneuerten ihre Freundschaft. Jetzt war Greta wieder offen dafür.

Das Lied eines Kindes

Ein besonders berührendes Beispiel für Akzeptanz beschreibt Paolo Coelho in seinem Buch *Unterwegs – Der Wanderer*. In einem Stamm in Afrika geht eine Frau, die ein Kind bekommen möchte, zu einem Baum und lauscht auf das Lied des Kindes, das sie innerlich hören kann. Dann geht sie zurück zu ihrem Mann und bringt ihm das Lied bei. Gemeinsam singen sie es beim Zeugungsakt. Ist die Frau schwanger, singt sie das Lied dem Kind im Bauch vor. Die Hebammen singen es bei seiner Geburt, und bald schon kennen es auch alle Bewohner des Dorfes. Immer wenn das Kind weint, hebt jemand es auf und singt ihm sein Lied vor, um es zu beruhigen. Das Lied begleitet das Kind auch, wenn es die Rituale durchläuft, die es zum Erwachsenen machen. Der ganze Stamm singt es dann gemeinsam. Wenn das Kind oder der spätere Erwachsene aber einmal eine unsoziale Handlung begeht, bildet das ganze Dorf einen Kreis um ihn und alle singen sein Lied. Statt die dumme Tat zu bestrafen, bringen sie dem Stammesmitglied seine Herkunft in Erinnerung. Sie zeigen ihm damit ihre Liebe und bekräftigen, dass er immer noch zu ihnen gehört. Sie singen sein Lied, damit er erkennt, dass er in Zukunft solche Handlungen besser unterlassen sollte. Dieses Lied begleitet das Kind durch sein ganzes Leben. Wenn es bereit ist zu sterben, singen alle Dorfbewohner sein Lied zum letzten Mal.

Niemals in der Welt hört Hass durch Hass auf.
Hass hört durch die Liebe auf.
– Buddha

Statt einen Menschen zu bestrafen, der einer Gemeinschaft schadet, etwa, indem er etwas stiehlt, erinnern ihn seine Freunde einfach daran, wer er ist. Sie singen sein Lied, um ihn wieder zur Besinnung zu bringen. Damit signalisieren sie ihm: Wir lieben dich, wie du bist. Du gehörst zu uns, egal, was du auch für Dummheiten anstellen magst.

Stell dir einmal vor, dir würde das passieren: Du machst einen blöden Fehler, und alle Menschen, die du kennst, bilden einen Kreis um dich und »singen dein Lied«, zeigen dir, wie gern sie dich haben. Würdest du das überhaupt aushalten können?

So wie der Stamm dem Kind durch das Singen Liebe sendet, so kann jeder von uns dem gesamten Leben gegenüber verfahren. Denn unser Leben wird immer wieder völlig anders verlaufen, als wir es erwarten, und uns darum enttäuschen und frustrieren. »Leben ist das, was passiert, während du eifrig dabei bist, andere Pläne zu machen«, sagte einmal John Lennon sehr treffend.

Erinnern wir uns noch einmal, welche Übung im letzten Kapitel dazu gedient hat, mit anderen Menschen umzugehen, die uns Probleme bereiten: »Ich nehme meine Unfähigkeit in mein Herz.« Es ist meine Unfähigkeit, den anderen Menschen zu akzeptieren. Der andere ist also in Ordnung, nur ich selbst habe eine Schwäche. Also bitte ich die Liebe meines Herzens, sich meines Fehlers anzunehmen. Wie in diesem Fall, einem für mich schwierigen Menschen, kann ich auch mit Herausforderungen umgehen, die das Leben mir stellt und die ich ganz und gar nicht akzeptieren kann. Jeder von

uns kennt solche Krisen. Gestehe dir auch hier ein: Ich bin
vollkommen unfähig, damit umzugehen!

Übung 38
Ich nehme das Leben an, wie es ist

Beginn wieder damit, dass du die Liebe in deinem Herzen
entzündest. Nimm deinen Atem zur Hilfe und spüre die
wachsende Wärme in deiner Hand. Lass in deinem Herzen
die Glut heißer werden, indem du sie mit deinem Atem leicht
anfachst. Nun schau dir eine Situation in deinem Leben an,
mit der du nicht zurande kommst. Was stört dich daran so
sehr? Gesteh es dir ein: Du bist total unfähig, diese Wendung
deines Lebens, diesen Zustand, in dem du zurzeit lebst,
anzunehmen. Doch was dir nicht gelingt, sosehr du es auch
versuchst, deine Liebe kann es! Lass deine Unfähigkeit
darum im Feuer deiner Liebe schmelzen. Leg sie in die Glut
deines Herzens und beobachte, wie sie schmilzt. Sie wird
immer kleiner. Beobachte, wie sie verschwindet. Wie ändert
sich dein Gefühl dabei? Wird es dir leichter um dein Herz?
Wiederhole diese Übung, sooft es sich für dich gut anfühlt.
Niemand ist perfekt. Wir sind es nicht, die von uns geliebten
Menschen sind es nicht, und das Leben ist es schon gar nicht.
Wir erwarten von anderen Menschen, dass sie uns glücklich
machen, und sind dann enttäuscht, wenn sie es nicht tun.
Dasselbe erwarten wir vom Leben. Alles soll reibungslos
laufen, unser Leben soll gut und problemlos sein. Und doch
geschehen immer wieder kleine und größere Katastrophen.
Wir denken dann, der andere Mensch ist falsch und unser

Leben ist schlecht. Aber der Fehler liegt bei uns! Unsere Erwartungen sind zu hoch. Wir sind es, die lernen sollten, uns selbst glücklich zu machen. Die Enttäuschung rührt daher, dass wir meinen, ein anderer Mensch könnte uns glücklich machen. Oder das Leben selbst.

Ich bin der Einzige,
der mich glücklich machen kann.

Wenn ich darum momentan feststellen muss, dass ich noch nicht glücklich bin, dann muss das wohl an mir liegen. Irgendwie bin ich wohl noch unfähig, mich glücklich zu machen. Nehmen wir mal als Beispiel, ein anderer Mensch hat mir wehgetan. Jemand war gemein, rücksichtslos, was auch immer. Fühlst du dich verletzt, dann mach dir klar: Es ist meine eigene Verletztheit. Ich habe irrtümlich angenommen, der andere würde alles richtig und perfekt machen im Umgang mit mir. Das war ganz sicher mein eigener Fehler. Es wird wohl immer wieder geschehen, dass andere Menschen (und das Leben überhaupt) anders sind, als ich es gern hätte. Wie würde ich wohl auf diese Verletzung reagieren, wenn ich in der Liebe, im Flow, in meiner eigenen Mitte wäre? Wenn ich ganz und rund und voll bin und das Gefühl habe, tief in mir drin gut und richtig zu sein, wie könnte ich dann ernsthaft annehmen, der andere (oder das Leben) hätte mich verletzt? Mehr noch, wie könnte ich überhaupt diesen kranken Gedanken denken und meinen, der andere hätte es sogar mit Absicht getan? Nur, um mir wehzutun? Der andere Mensch ist gemein, und das Leben meint es nicht gut mit mir?

Weil ich mich liebe,
mache ich mich glücklich.

Im Seminar kommt an dieser Stelle häufig die Anmerkung, dass es ja auch Menschen gibt, die beispielsweise Opfer von Gewalttaten geworden sind. Hier können seelische Verletzungen geschehen, die schwerwiegend und traumatisch sind. In diesen Fällen ist sicherlich therapeutische Hilfe notwendig, die natürlicherweise über den Rahmen eines Buches hinausgehen sollte. Die Aufarbeitung und Heilung kann in diesen Fällen durchaus langwierig sein, doch auch hier steht die Aussöhnung mit dem Täter und den Umständen letztlich im Mittelpunkt. Hinweisen möchte ich in diesem Zusammenhang gern noch auf das hawaiianische Vergebungsritual Hooponopono, zu dem ich bereits vier Bücher schreiben durfte (siehe Literaturhinweis im Anhang).

Selbstliebe schenkt mir einen Kern, ein inneres Zentrum in meinem Herzen, das unverrückbar wird und mir inneren Halt gibt. Meine Beziehung zu mir selbst, die wichtigste Beziehung, die ich überhaupt aufbauen kann, wird stabil.

Wenn ich selbst lerne, mir zu geben, was ich brauche, tue ich mir gut. Und je mehr alles gut ist tief in mir drin, desto mehr ist auch alles gut im Außen. Durch Selbstliebe lerne ich darum das Mantra: Alles, was ist, ist gut. Wenn ich in der Liebe bin, erkenne ich die Wahrheit. Ich kann ein Urvertrauen entwickeln, dass auch ein Sturm vorüberzieht und der Himmel hinter den Wolken immer blau ist.

Die moderne Psychologie hat herausgefunden: Der wichtigste Auslöser für unser persönliches Glück liegt in der Güte unserer persönlichen Beziehungen. Die Güte unserer Kontakte zu anderen Menschen beruht genau darauf: auf Güte. Wenn ich den anderen Menschen akzeptiere, bin ich gütig zu ihm. Und Güte ist nur ein anderes Wort für Liebe. Ich bin gütig. Ich gebe das Gute. Ich verschenke meine Liebe.

Diese Untersuchungen betrachten vor allem unseren mitmenschlichen Bereich. Gute, liebevolle Beziehungen machen uns glücklich. Liebe führt zum Glücklichsein. Unser Nervensystem entspannt sich. Es ist jemand da, der sich um mich sorgt. Ähnlich wie bei Herdentieren: Jemand ist da, der Wache hält, während ich schlafe. Es beruhigt mich, ähnlich wie bei Tieren in der Gruppe: Einer passt immer auf. Also kann ich mich fallenlassen und mich geborgen fühlen.

Liebe ist der Schlüssel zum Glück.

Die Güte einer partnerschaftlichen Beziehung ist abhängig von der Liebe zu uns selbst. Das ist wie bei einer Stereoanlage. Das System ist nur so gut wie die einzelnen Komponenten. Ein teurer Verstärker nützt nichts, wenn der CD-Player nicht richtig funktioniert. Damit das »Lied« der Beziehung einen guten Klang bekommen kann, braucht es gute Bausteine. Jeder Partner trägt seinen Teil dazu bei. Jeder gibt die Liebe in die Beziehung, die ihm zur Verfügung steht.
Die höchste Beziehung, die wir haben können, ist die zum Leben und zum Universum selbst. Wenn ich permanent davon ausgehe, das Leben sei gegen mich, kann ich wohl unmöglich glücklich sein. Dann ist die Beziehung zum Universum dauerhaft gestört. Mit der letzten Übung gelingt es, diesen falschen Glauben aufzulösen. Das Leben ist, wie es ist. Nur ich bin unfähig, es anzunehmen.

Die wirkliche Liebe beginnt dort,
wo keine Gegenliebe mehr erwartet wird.
– Antoine de Saint-Exupéry

Schaue ich genauer hin, dann gebe ich dem Universum keine Liebe. Nein, ich erwarte dauernd, es soll *mir* etwas schenken.

Bockig stehe ich da und warte, dass das Universum den ersten Schritt tut. In dieser passiven Situation kann ich nun verharren, bis der Pfeffer wächst. So geschieht nichts. Die Liebe fließt nicht. Das Glas ist zwar voll, wird aber nicht verschenkt.

Die Liebe ist der Liebe Preis.

Von allen Aussprüchen, die ich hier über die Liebe gesammelt habe, ist dieser von Friedrich Schiller mir der wichtigste. So kurz er erscheint, enthält er doch das ganze Geheimnis des Glücks. Er ist der Schlüssel zum Füllhorn. Der Begriff »Preis« ist doppeldeutig. Um einen Preis wie ein Sieger erringen zu können, ist ein Preis zu zahlen. In beiden Fällen muss ich aber zuerst etwas tun. Ich mache den ersten Schritt. Auf das Universum zu. Ich mache den Deal. Ich gehe in Resonanz zum Universum (das tue ich ja ohnehin immer) und zahle den Preis. Indem ich mich überwinde und das Leben so annehme und liebe, wie es ist. Ich verschenke meine Liebe, ohne etwas zu erwarten. Ich liebe, was ist. Dann wird mir der Gewinn, der Sieg, zugesprochen. Die Liebe fließt zurück. Ich fühle mich geborgen und glücklich. Und das Leben liebt mich auch.

Weil ich mich liebe,
liebt das Leben mich zurück.

Was kann ich ganz praktisch machen, um dem Universum meine Liebe zu schenken? Ich gehe einfach in die Absicht, es zu tun! Ein anderes Wort für diesen Vorgang ist das Segnen, eine unserer wichtigsten Fähigkeiten, die leider sehr in Vergessenheit geraten ist. Viele Übungen und Wissenswertes dazu finden sich in meinem Buch *Die Wunderkraft des Segnens* (siehe Literaturhinweis). Damit die Liebe mehr werden kann, gebe ich sie weiter, lasse ich sie fließen. Wie mit der folgenden Übung.

Übung 39
Liebe verschenken

Nimm dir morgen als Tagesmantra ganz fest vor, zu lieben. Was dir begegnet, was du auch tust, wähle das Mantra: *Ich liebe. Ich liebe es, aufzuwachen. Ich liebe mein Bett. Ich liebe mein Haus. Ich liebe mein Auto, mit dem ich zur Arbeit fahre. Ich liebe es, mein Brot zu essen. Ich liebe meinen Computer, in den ich schaue. Ich liebe es, zu arbeiten. Ich liebe meinen Chef. Ich liebe meine Arbeitsstelle. Ich liebe meinen Heimweg. Ich liebe mein Sofa. Ich liebe es, spazieren zu gehen.*

Nimm dir auch vor, deine Tätigkeiten in Hingabe und Liebe zu verrichten. Verschenke morgen deine Liebe! Lass deine Liebe in deinen Alltag fließen. Wenn du etwas tust, was du nicht liebst, dann lieb einfach, was du tust! Das gelingt dir immer. Frage dich dabei: *Wie fühle ich mich jetzt?*

Es ist wirklich ganz einfach, zu lieben. Statt auf die Liebe zu warten, ohne dass etwas passiert, machen wir doch den ersten Schritt. Treten wir in Resonanz. Lassen wir die Liebe fließen. Es gibt nichts Einfacheres. Irgendwie machen wir es nur so kompliziert. Die Liebe ist da. Immer. So wie die Sonne jeden Tag aufgeht. Worüber machen wir uns Sorgen?

Der Hahn und die Hennen

Auf einem Hühnerhof wurde der Hahn krank und heiser. Seine Stimme war nur noch ein Krächzen, und die Hennen tuschelten besorgt untereinander. Denn sie waren sich sicher, der Hahn könne morgen nicht den Tag mit seiner Stimme herbeirufen. Sie glaubten ganz fest daran, die Sonne würde nur aufgehen, wenn der Hahn sie herbeirufen würde. »Was nun?«, fragten sie sich und grämten sich sehr. Die ganze Nacht verbrachten sie darum in tiefer Sorge. Als am nächsten Morgen die Sonne den Morgen begrüßte, war es für sie darum wie ein Wunder. Der Hahn war zu krank zum Krähen, doch die Sonne stand trotzdem bald schon hoch am Himmel, wie jeden Tag.

Wir werden geliebt, selbst wenn wir uns die ganze Zeit die größte Mühe geben, zu denken, es wäre nicht so. Wir müssen nicht anders sein, als wir sind. Ja, wir haben Fehler und Macken, und das ist gut und in Ordnung so. Die Liebe steht uns zur Verfügung, so sicher, wie jeden Morgen die Sonne aufgeht. Wir müssen nicht perfekt sein, und es braucht auch keinen Hahn, der die Sonne ruft. Je mehr wir uns selbst lieben, desto mehr beginnen wir, dies zu beherzigen.

Die Liebe ist so unproblematisch
wie ein Fahrzeug.
Problematisch sind nur die Lenker,
die Fahrgäste und die Straße.
– Franz Kafka

In Verbundenheit, aus dem Herzen
Manfred Mohr

Weil ich mich liebe, liebt das Leben mich zurück

Wenn wir unser Herz öffnen und in die Selbstliebe finden, beginnen wir die Gesetze zu verstehen, nach denen die Liebe funktioniert. Die Verbindung zu anderen Menschen wird stärker, da wir durch die Liebe mit ihnen verbunden sind. Wir versuchen, andere zu verstehen, und lernen uns selbst dabei kennen. Auf der Ebene der Liebe verschmilzt das Ich mit dem Du. Wenn wir uns selbst lieben, wird die Liebe zum Weg und zum Ziel unseres Lebens. Liebe wird zum Lebenssinn. Wir beginnen, auch das Leben immer mehr zu akzeptieren, wie es ist. Wir erkennen das Wirkprinzip der Liebe: Wenn wir sie verschenken, wird sie uns selbst zuteil. Liebe funktioniert wie ein Füllhorn, sie steht mir immer zur Verfügung, wenn ich sie brauche. Liebe wird dann bald schon zum Schlüssel für mein persönliches Glück. Und ich erkenne: Ich bin der Einzige, der mich glücklich machen kann.

Anhang

Liste der Übungen

Quellen und Hinweise zum Weiterlesen

Nasruddin ist eine märchenhafte Figur, die schon seit vielen
Hundert Jahren in den Erzählungen des Orients vorkommt.
Ein wenig ähnelt er unserem Till Eulenspiegel. Unklar bleibt,
ob er wirklich gelebt hat. Wenn ja, dann vermutet man, dass
er im 13. oder 14. Jahrhundert in Anatolien zu Hause war.
Leider ist es unmöglich, bei diesen Erzählungen Quellen an-
zugeben, da die Geschichten nur von Mund zu Mund weiter-
gegeben wurden. Es finden sich daher auch unterschiedliche
Variationen derselben Geschichte, von denen ich die schönsten
in Laufe der Jahre zusammengetragen habe, um sie hier zu
präsentieren.
Gewaltfreie Kommunikation (GFK) nach Marshall Rosenberg,
Näheres findet sich etwa unter
    www.gewaltfrei-kommunizieren.com
Gary Chapman: *Die fünf Sprachen der Liebe.* Marburg (Francke)
2011
Paolo Coelho: *Unterwegs – Der Wanderer.* Zürich (Diogenes)
2007

Bücher, Hörbücher, DVDs und Apps von Manfred Mohr

Die fünf Tore zum Herzen. Burgrain (Koha) 2011
Die Kunst der Leichtigkeit. Berlin (Ullstein) 2011
Das Wunder der Dankbarkeit. München (Gräfe und Unzer) 2012
Das kleine Buch vom Hoppen. Darmstadt (Schirner) 2013
*Das Wunder der Selbstliebe – Ein Jahresbegleiter auf dem Weg zu
deinem Herzen.* Tischaufsteller, München (Gräfe und Unzer)
2013

Das Wunder der Dankbarkeit. Hörbuch, Berlin (Argon) 2013

Verzeih dir! Die schönsten Meditationen, um Frieden mit sich selbst und anderen zu schließen. Hörbuch, Berlin (Ullstein) 2014

Verzeih Dir! Inneren und äußeren Frieden finden mit Hooponopono. Berlin (Ullstein) 2014

Weiterleben ohne dich. München (Nymphenburger) 2014

Das Wunder der Selbstliebe. DVD, München (Nymphenburger) 2014

Mit dem Herzen segnen. Burgrain (Koha) 2014

Bestellung nicht angekommen – die größten Irrtümer beim Wünschen. München (Goldmann) 2014

Die Wunderkraft des Segnens. München (Nymphenburger) 2015

In 30 Tagen hoppen lernen. Bramberg (Lebensraum Verlag) 2015

Hoppen lernen für das Smartphone. App, Rosenheim (Momanda GmbH) 2015

Danke für die Lieferung – wie das Universum uns immer aufs Neue beschenkt. München (Goldmann) 2015

Wunschkalender 2018 (mit Pierre Franckh). Burgrain (Koha) 2017

Gebete ans Universum – wie wir Hilfe für die wirklich wichtigen Dinge im Leben erhalten. München (Goldmann) 2016

Der Bambus-Effekt – Durch gefühlvolle Akzeptanz über sich selbst hinauswachsen. München (Knaur) 2017

Gedichte von Manfred Mohr

Gedichte, die das Herz berühren. Regensburg (ri-wei) 2009

Dein Herz hat einen Namen. Regensburg (ri-wei) 2010

Bücher von Bärbel und Manfred Mohr

Fühle mit dem Herzen und du wirst deinem Leben begegnen.
   Burgrain (Koha) 2007
Cosmic Ordering – die neue Dimension der Realitätsgestaltung.
   Burgrain (Koha) 2008
Bestellungen aus dem Herzen. Aachen (Omega) 2010
Das Wunder der Selbstliebe. München (Gräfe und Unzer) 2011
Hooponopono – eine Herzenstechnik für Heilung und Vergebung.
   Burgrain (Koha) 2014

Ausbildung zum Coach
für positive Realitätsgestaltung

In jedem Jahr bietet Manfred Mohr die Ausbildung zum »Coach für positive Realitätsgestaltung« an. Sie wendet sich an alle, die intensive Versöhnungsarbeit auf lockere und leichte Weise üben möchten. Übungen zur Selbstliebe wie auch das hawaiianische Hooponopono sind wesentliche Bestandteile der Ausbildung. An vier Wochenenden werden folgende vier Schwerpunktthemen behandelt:

1. Heilung von Beziehungen: Hooponopono – das hawaiianische Vergebungsritual
2. Meine Beziehung zu mir selbst (I): Das Wunder der Selbstliebe
3. Meine Beziehung zu mir selbst (II): Wieder fühlen lernen
4. Meine Beziehung zum Universum: Wochenendseminar Wunscherfüllung.

Näheres dazu findet sich unter www.manfredmohr.de, Stichwort »Seminare«.